铁道线路维护

主　编　刘峻峰
副主编　张春平
主　审　单华军

重庆大学出版社

内容提要

本书为"地铁运营岗位技能培训系列教材"之一,全书共6个项目,包括铁道线路工职业描述、线路设备养护维修、初级工理论知识及实操技能、中级工理论知识及实操技能、高级工理论知识及实操技能、典型故障案例。本书在内容方面力求全面、完整,注重实操技能培养。

本书既可作为开展城市轨道交通行业特有工种职业技能鉴定的依据,又可作为运营和设备检修人员岗位技能提升的培训教材。

图书在版编目(CIP)数据

铁道线路维护 / 刘峻峰主编. -- 重庆:重庆大学出版社,2020.7
ISBN 978-7-5689-2088-9

Ⅰ.①铁… Ⅱ.①刘… Ⅲ.①城市铁路—轨道交通—维护—高等职业学校—教材 Ⅳ.①U239.5

中国版本图书馆 CIP 数据核字(2020)第 104643 号

铁道线路维护

主　编　刘峻峰
副主编　张春平
主　审　单华军
策划编辑:周　立

责任编辑:姜　凤　邓桂华　　　版式设计:周　立
责任校对:万清菊　　　　　　　　责任印制:张　策

*
重庆大学出版社出版发行
出版人:饶帮华
社址:重庆市沙坪坝区大学城西路 21 号
邮编:401331
电话:(023) 88617190　88617185(中小学)
传真:(023) 88617186　88617166
网址:http://www.cqup.com.cn
邮箱:fxk@ cqup. com. cn(营销中心)
全国新华书店经销
重庆俊蒲印务有限公司印刷

*
开本:787mm×1092mm　1/16　印张:8.25　字数:203 千
2020 年 7 月第 1 版　　2020 年 7 月第 1 次印刷
ISBN 978-7-5689-2088-9　定价:42.50 元

编审委员会 （排名不分先后）

主 任	刘峻峰

副主任	曹双胜　岳　海　袁　媛 刘　军　卢剑鸿

成　员	丁　杰	王治根
	王晓博	元　铭
	田威毅	付向炜
	刘　凯	刘　炜
	刘　煜	毛晓燕
	田建德	祁国俊
	纪红波	李　乐
	李芙蓉	李武斌
	杨　珂	张小宏
	陈建萍	陈　晓
	尚志坚	单华军
	赵跟党	禹建伟
	侯晶晶	黄小林
	梅婧君	梁明辉
	廖军生	薛小强

　　轨道交通以其不可替代的优越性成为我国城市交通发展新的热点和重点，截至 2019 年年底，中国大陆地区共有 38 个城市开通城市轨道交通运营线路，运营线路总长为 6 426.84 km。

　　城市轨道交通凭借快捷、准时、舒适、运量等优势，日益成为城市现代化建设进程中重要的公益性基础设施项目。城市轨道交通系统设备先进、结构复杂，高新技术广泛应用其中，要保障这样一个庞大系统的安全和高效，必须依靠与之相匹配的高素质员工。因此，培养一批责任心强、业务过硬、技艺精湛的能工巧匠，才能确保安全运营生产，提升工作效率，提高非正常情况下的应急处置水平。岗位技能培训是人才培养的重要途径，是提高企业核心竞争力的重要手段，而岗位技能培训的过程和结果需要相应的培训教材作为技术支撑。

　　"地铁运营岗位技能培训系列教材"在内容方面力求全面、完整，注重实操技能培养。该系列教材既可作为开展城市轨道交通行业特有工种职业技能鉴定的依据，又可作为运营和设备检修人员岗位技能提升的培训教材。

　　本书由刘峻峰担任主编，张春平担任副主编；参与编写的有王纯、腾远鹏、严凯利、孙亮、杨磊、朱菲，主审单华军；参与审核的有薛小强、张波、郭金龙、张碧琪、李秋莹、罗保莲。

　　由于编写人员经验不足，书中难免存在疏漏和不足之处，敬请读者批评指正。

编委会

2020 年 1 月

MULU 目　录

项目1 铁道线路工职业描述

1.1 职业概况

1.1.1 职业定义

铁道线路工是指从事地铁线路设施的施工、大修、维修及巡守的人员。

1.1.2 职业等级

铁道线路工职业共设5个等级,分别为初级(取得上岗证资格)、中级、高级、技师(国家职业资格二级)和高级技师(国家职业资格一级)。

1.1.3 职业环境条件

铁道线路工职业环境条件为室外、地下、常温。

1.1.4 职业能力特征

有获取、领会和理解外界信息的能力,有语言表达以及对事物的分析和判断的能力;手指、手臂灵活,动作协调性好;有空间想象及一般计算能力;心理及身体素质较好,无职业禁忌证;听力及辨色力正常,双眼矫正视力不低于5.0。

1.2 能力分析

1.2.1 初级工

初级工能力分析见表1.1。

表 1.1　初级工能力分析

职业等级	职业功能	工作内容	技能要求	相关知识
初级 0	线路巡检作业	线路巡检	能按照要求进行线路巡检	线路巡检知识
	作业防护	设置防护、请销点	能按照程序进行请销点，能用专用工具设置作业防护，并能用专用通信工具与有关人员联络	安全防护办法、施工作业管理办法、专用通信设备使用
	工机具（量具）使用	工机具（量具）使用	能正确使用线路作业常用工机具（量具）、小型养路机械	1. 线路作业常用工机具（量具） 2. 小型养路机械使用及保养
初级 1	线路标志作业	刷新标志	能按要求刷新线路标志	刷新标志知识
	线路基本作业	捣固	能使用机具进行捣固	捣固机的使用
	轨枕作业	安装、更换夹板	能正确安装、更换夹板	1. 夹板伤损标准 2. 夹板更换条件和方法
	钢轨作业	螺栓涂油	能进行接头螺栓和轨枕扣件涂油	手动、电动螺栓扳手的安全操作知识
初级 2	单项检查作业	线路检查	能进行线路几何尺寸检查	线路检查相关知识
	单项检查作业	单开道岔检查	能检查单开道岔几何尺寸	道岔检查相关知识
初级 3	线路基本作业	拨道	能使用撬棍或液压起拨道器拨道	液压起拨道器的使用方法
	线路基本作业	改道	能测量轨距，能对木枕、混凝土枕进行改道	线路改道有关规定

1.2.2　中级工

中级工能力分析见表 1.2。

表 1.2　中级工能力分析

职业等级	职业功能	工作内容	技能要求	相关知识
中级 0	线路基本作业	起道	能确定起道长度和起道量并进行起道作业	起道相关规定
	线路基本作业	拨道	能确定拨道长度和拨道量	拨道有关规定
中级 1	钢轨作业	调整轨缝	能计算轨缝并进行个别调整	调整轨缝有关规定
	钢轨作业	配轨	能确定配轨长度	

职业等级	职业功能	工作内容	技能要求	相关知识
中级2	识图、绘图	读图、绘图	1. 能看懂线路平、纵断面图 2. 能用 CAD 绘制线路纵断面图	读图、绘图基本知识
	线路基本作业	改道	能进行线路、道岔改道作业	改道有关规定
	曲线计算	曲线计算	能进行曲线基本要素计算	曲线要素相关知识
中级3	钢轨作业	整治钢轨接头病害	能整治钢轨接头错牙,能打磨轨端肥边	1. 钢轨接头病害产生原因及整治措施 2. 小型打磨机使用
	检查作业	判断故障	1. 能判定钢轨、辙叉表面伤损程度 2. 能判定失效螺栓、轨枕 3. 能判断胀轨、断轨故障	1. 钢轨、辙叉及联结零件伤损、失效标准 2. 胀轨跑道原因及整治
	故障处理	处理故障	能进行应急故障处理	线路故障应急预案

1.2.3　高级工

高级工能力分析见表 1.3。

表 1.3　高级工能力分析

职业等级	职业功能	工作内容	技能要求	相关知识
高级0	检查作业	检查设备	能检查线路及各类道岔设备,并进行病害分析	道岔维修相关知识
		病害分析及整治	能利用动态检测资料现场核查病害并进行整治	轨检车资料分析知识
高级1	钢轨作业	更换钢轨	1. 能组织成段更换钢轨 2. 能根据接头相错量合理配轨	更换钢轨相关要求
	钢轨作业	成段调整轨缝	能测量计算轨缝调整量,并制订调整方案组织实施	调整轨缝相关要求

续表

职业等级	职业功能	工作内容	技能要求	相关知识
高级2	钢轨作业	更换钢轨	能组织更换道岔尖轨、基本轨、辙叉及护轨	更换钢轨相关要求
	曲线整正	曲线病害整治	1. 能计算和调整曲线超高 2. 能计算拨道量并调整 3. 能分析曲线常见病害并进行整治	曲线维修相关知识
高级3	道岔维修作业	道岔维修	1. 能分析道岔常见病害并整治 2. 能进行道岔起道、改道	道岔常见病害及整治、道岔维修相关知识
	病害分析及整治	整治接头病害	能对病害原因进行分析,对病害进行综合治理	接头病害原因及整治

项目2 线路设备养护维修

2.1 养路机械设备

2.1.1 液压式机械

1)液压起道器

①在进行起道作业时,将液压起道器置于轨下,使铰接顶轮伸于轨底,并顶紧在轨底内侧,上行扳动操纵手柄,当工作缸活塞伸出时,铰接顶轮连同钢轨产生垂直位移达到起道目的。

②在钢轨接头处起道时,液压起道器应放在轨缝下。直线地段起道,应将液压起道器放在钢轨内;曲线上股起道应放在钢轨外侧。严禁将液压起道器放在绝缘接头和铝热焊缝处进行起道。

③起道前应检查铰接顶轮与轨底接触是否正常,底盘是否放平,以防打滑或造成拨道。

④开始起道时,可以快速扳动操纵手柄。负载正常后操纵手柄扳动角度不宜太大,防止损坏油泵的泵芯和泵壳。

⑤起道时,操纵手柄连杆上的限位块与起道臂板接触,处于极限位置,应立即停止起道作业。

⑥在起道作业中,如遇来车,必须旋松回油阀使之卸荷,确认油缸部分复位后,撤出液压起道器并置于限界之外。

⑦补充或定期更换液压油时,必须过滤,以防止因液压油不洁而影响正常使用。使用过程中严禁乱摔乱扔。不用时,油缸活塞杆不应外露,应经常除去油污,保持清洁。铰接处的转动部分应经常加油润滑。

2)液压拨道器

①在进行拨道作业时,将液压拨道器置于轨下,使铰接顶轮卡在轨底侧面,往复扳动操纵手柄,当工作缸活塞伸出时,铰接顶轮连同钢轨产生水平位移进行拨道。

②一般以3台液压拨道器为一组,拨动方向前侧1台液压拨道器,后侧两台液压拨道器。拨道时要求动作尽量一致,同时进行作业。

3）液压直轨器（弯轨器）

①液压直轨器是用以调直钢轨硬弯的机具。液压直轨器主体放入钢轨后，转动偏心轮使其夹紧钢轨，旋紧回油阀，往复扳动操纵手柄，当活塞顶头伸出时，进行直轨作业。

②作业完毕，必须先旋松回油阀，待活塞自动复位后，再转动偏心轮使主体松脱，并及时从钢轨上抬下，置于限界之外。

4）液压方枕器

液压方枕器用于轨枕间距的调整和方枕作业。液压方枕器有不同形式，工作原理也不相同，其中 YFZ-55 型液压方枕器已逐步推广使用。

5）液压捣固机

①液压捣固机以内燃发动机或电动机为动力，带动高速旋转振动轴上的偏心块产生振动，并利用液压传动使捣固杆升降和张合，通过镐板的振动和夹紧动作进行捣固作业。

②使用时应先检查，确认液压捣固机设备状态完好，方才允许上道试机，并要仔细观察运转情况是否正常。捣固时要求对位准、下插稳、夹实快，即按照定位、下插、夹实和张开、提升、转移的程序作业，确保捣固质量。

③液压捣固机必须配备走行架快速解体下道装置，以确保行车和作业安全。

6）轨缝调整器

①轨缝调整器由斜铁、夹轨钳、柱塞式油泵和工作油缸组成。夹轨钳使斜铁卡紧在轨缝两侧钢轨轨头侧面，以工作油缸的活塞位移带动夹轨钳进行调整轨缝的作业。

②利用列车间隔，不拆开接头使用轨缝调整器调整轨缝时，应严格按规定与车站联系，并在现场使用停车手信号防护。

③轨缝调整器斜铁卡紧轨头时，应满足复位拉簧能将夹轨钳拉回的要求，松开斜铁后，可迅速将轨缝调整器及时下道。在调整轨缝时，不得使用加长摇杆或两人超载扳动摇杆，避免损坏设备或出现故障。

④为避免斜铁嵌入肥边，禁止在轨头有 6 mm 及以上肥边的地段使用轨缝调整器。

⑤轨缝调整器必须有快速解开夹轨钳的安全装置，以确保行车安全。

以上液压工机具的使用保养注意事项如下：

①液压工机具的油泵、油缸应定期擦拭清洗，保持油路和各种密封件的密封性能良好。液压加载系统外露部分，应去除污垢保持清洁，并适当加油润滑。

②对暂时不用和存放较长时间的液压工机具，应将油缸活塞杆及各铰接转动部分涂抹黄油，以防止锈蚀损坏。

2.1.2 电动式机械

电动式机械主要有手提电镐（电动捣固机）、钢轨钻孔机、钢轨切割机、锯轨机、手提砂轮机和电动螺栓扳手等。

1）手提电镐（电动捣固机）

手提电镐由操纵手柄、振动装置、振动电机、镐板和镐头组成。振动电机带动偏心块产生振动，通过镐板和镐头的振动进行捣固作业。

2）钢轨钻孔机

①钢轨钻孔机根据其动力不同分为内燃驱动和电动驱动两大类。

②钻头型式有麻花钻头、空心钻头、箭式钻头。工务系统常用的内燃钢轨钻孔机,基本采用空心钻头。

③钢轨钻孔机有单钻头式和三钻头式,应配置50 kg/m和60 kg/m两种不同型号的配件,用于给眼孔定位。

3）钢轨切割机

钢轨切割机分为内燃传动和电传动两大类,其体积小、质量轻、操作灵活、上下道方便,根据现场锯轨的条件选用。

2.2 钢轨打磨车

2.2.1 LRG23L型钢轨打磨列车的功能及基本参数

1）打磨列车的功能

针对不同的钢轨缺陷采取各种模式对钢轨波浪形磨耗、钢轨肥边、马鞍形磨耗、焊缝凹陷及鱼鳞裂纹等病害实施快速打磨,以消除钢轨表面不平顺、轨头表面缺陷及将轨头轮廓恢复到设计要求,从而实现减缓钢轨表面缺陷的发展,提高钢轨表面平滑度,进一步达到改善乘车舒适度、降低轮/轨噪声、延长钢轨使用寿命的目的。

LRG23L型钢轨打磨列车的打磨砂轮能同时工作,在外侧−20°到内侧60°间经过调节和计算机控制,以3～15 km/h的速度进行打磨;计算机内能存储预设打磨角度和功率,能设定不同的打磨工况,针对不同的钢轨病害进行施工。

LRG23L型钢轨打磨列车使用计算机操作,通过单击计算机屏幕中的各功能按钮进行作业,界面明了,操作简单。另外,操作列车装有集尘装置符合环保要求,可收集打磨作业粉尘,抑制轨面火花飞溅,减少对环境和列车装备的污染。列车自运行时速为60 km。

2）LRG23L型钢轨打磨列车的主要技术性能

（1）作业条件

钢轨类型	50 kg/m、60 kg/m 钢轨
轨枕配置	无特殊限制
道床类型	碎石或整体道床
适用轨距	1 435 mm
线路最大坡度	30‰
最小作业曲线半径	100 m
特殊环境	可在雨天和夜间及风沙、灰尘严重的环境下作业

（2）作业性能

打磨电机功率	13～22 kW

打磨速度	3～15 km/h 无级、可调
平均每遍打磨切削量	0.1 mm
打磨效率	8～12 遍 km/h
磨头角度调整范围	内侧 60°调整到外侧 20°
驾驶室中噪声水平	78 dB(操作员位置)

（3）整机性能

整车长度	25.36 m
总质量	55 t
高度(打磨车)	2.97 m
宽度(打磨车)	2.86 m
动力车外形尺寸(长、宽、高)	9 630 mm×2 760 mm×3 170 mm
车轮直径	动力车 711 mm;打磨车 610 mm
打磨小车	每台打磨车有 8 个打磨电机
轴距	4.22 m(动力车)、5.28 m(打磨车)
最大运行速度(0.5% 坡度)	60 km/h
最大联挂速度	50 km/h
打磨电机转速	3 600 r/min
磨石直径	260 mm
磨石厚度(新的)	69 mm
最小运行曲线半径	50 m
常用制动	充气制动/排风缓解
停车制动	排风制动/充气缓解
打磨车油箱	1 817 L
打磨车液压油箱	291 L/个
发动机功率	507 kW
发电机功率	450 kW
水箱	2 362 L(各 1 个)
其他	装备滤芯和集尘箱

2.2.2　作业准备

①确认发电机组已经启动并正常送电。

②确认非操作端操纵台上各开关、手柄都处于正确状态。

③检查 1 号、2 号打磨车液压油液位及油液渗漏情况。

④检查水箱水位、防火帘及挡火板位置,打磨车侧门是否关闭牢固。

⑤检查磨石,需要时予以更换,确认砂轮尺寸符合要求。

⑥检查打磨设备所有装配螺栓,各连接管道是否良好。

⑦检查 1 号、2 号打磨车 8 个锁销及 RCA 铰链是否固定。

⑧检查集尘系统及水系统工作是否正常。

2.2.3　作业操纵

1)打磨前

①工程车司机将打磨车启动后,打磨操作人员开启人机界面(Human Machine Interface,HMI)计算机电源。计算机启动后,双击计算机桌面上的 HMI 图标启动该程序,直到显示"主菜单"和"整机总览"。在"主菜单"中单击"打磨马达启动/停止",启动 1 号、2 号打磨车液压泵。启动所有工作灯。检查 HMI 计算机上操作打磨单元是否正常及液压泵是否开启。HMI 计算机只可在处于前导端的驾驶室中使用,打磨车启机作业由工程车司机操作,打磨操作人员负责专用作业装置的操作。

②到达打磨地点所属车站,制动机车,与车站联系,按作业令要求进行请点作业。

③在车站车控室请好点后,回到打磨车操作室,并确认所有人员到位。工程车司机将打磨车开到作业地点停车并将"制动手柄"扳至"制动",将"走行模式"开关设置为"关","向前／向后"开关设置为"空挡"。工程车司机将打磨车交由打磨班组负责,在封锁区段进行打磨车的走行和钢轨打磨作业。

④作业前,将打磨小车的 8 个锁销拔出,插入相应的固定套管,检查显示屏内各功能图标是否正常。

⑤根据线路调查情况设计好打磨工艺,包括打磨模式、速度、功率等。

2)打磨中

①确认 HMI 计算机打开,动力车发动机以及 480 V 发电机组正常运转。

②打开 KLD 测量系统,将需打磨区段进行测量,并记录所需打磨角度。操作 HMI 计算机各项菜单,单击"主菜单",开启喷水系统,打开水泵、自动喷水、前后端启用、序列选为两端。开启集尘系统,打开集尘自动、鼓风装置开启、滤芯净化开启。开启模式控制屏幕,根据所需打磨区段的情况选择打磨模式。开启机器自动／手动,启用"全部自动";开启磨头启用／弃用,单击磨头"启用全部"。将"走行模式"设置为"打磨",并选择打磨速度,最低为 3 km/h,最高为 15 km/h。

③单击选择打磨方式,根据 KLD 廓形测量结果从打磨方式中选择与所需打磨区段相适应的模式,单击"改变打磨方式",使当前打磨方式变为所选模式。

④调整设定速度值,将走行手柄扳至"前进"或"后退"位,并注意显示屏的设定车速值的变化,直到达到需要的设定车速为止。

⑤开启"打磨方式输入"屏幕,选择放下 1 号、2 号打磨车,在停止状态放下打磨小车。确认所有打磨小车放到位,下放打磨小车后,对所有打磨小车环视检查一下,确保状态良好,作业人员都已经上车,启动所有打磨电机。

⑥将停车制动缓解开关扳至缓解位,通知全车人员准备开始打磨,鸣笛后开始向前动车。

⑦当车速达到设定速度时,按下主控向下按钮,计算机便在设定好的区段开始放下磨头开始打磨。此时根据所需打磨的情况,选择"方向改变递增／不递增"。如遇计轴器、涂油器、人防门、道岔、鼓包夹板等障碍物要及时按下主控向上按钮,提升打磨电机避开,以免损坏障碍设备和损伤打磨设备。当越过障碍物后,再次按下主控向下按钮放下打磨电

机继续打磨。

⑧在打磨过程中,打磨司机可以根据线路状况增加或减少打磨功率。

⑨打磨车走行到终点时,按下主控向上按钮,磨头提起。机车应继续向前行驶,观察控制屏幕显示所有磨头全部提升后(整机总览内单元状态变成白色)即可将"向前/向后"扳到"空挡"。

⑩到达打磨终点时,按下主控向上按钮,计算机便在设定好的地点收起磨头结束本区段打磨。计算机将存储打磨起始点和结束点里程,当打磨车进入所设定区段,只要条件符合,将自动实施序列打磨。

3)打磨后

①所有区段打磨结束后,单击"清空记忆"按下"打磨方式输入"中的"保持打磨方式",关闭 HMI 计算机。

②打磨结束后应开启"打磨马达启动/停止"按钮,"关闭 1 号、2 号打磨车打磨马达"。提升打磨车,将固定打磨车的 8 个锁销插入。

③关闭喷水系统、集尘系统,使机器全部改为手动,单击磨头"弃用全部"键。

④打磨负责人组织打磨人员对当日打磨区段进行出清线路。

⑤作业结束后将打磨车交由工程车司机负责,开回请点车站销点。

2.2.4　打磨车作业技术要求

①钢轨打磨作业技术规定:

a. 钢轨预打磨深度在非工作边应不小于 0.1 mm,在轮轨主要接触部位应不小于 0.1 mm。打磨廓面范围为 −15°~+45°。

b. 新轨或运营后未产生波浪形磨耗病害的,采用预防性打磨方式,否则应采用修理性打磨方式。

c. 预防性打磨一般 1~2 遍,修理性打磨 3~5 遍,具体打磨的遍数由前期调查的钢轨病害情况决定。

d. 相连两段线路重叠打磨的区域不少于 10 m。

②钢轨打磨车作业中走行速度为 5~15 km/h,打磨功率不得小于 60%。

③直线地段和半径大于 3 000 m 的曲线地段主要打磨钢轨内侧,改善车轮踏面和钢轨的接触关系,在钢轨顶面中心处形成 20~30 mm 宽的光带;半径在 3 000 m 以内的曲线地段,上股适当增加钢轨顶面打磨遍数,减少钢轨内侧打磨遍数;下股适当增加钢轨内侧打磨遍数。

④线路开通前,打磨车施工负责人确认线路设备状况达到放行列车条件,线路出清后,方准销点开通线路。

2.2.5　钢轨打磨车救援预案

LRC23L 型钢轨打磨列车是集机、电、液、气、计算机控制为一体的大型养路机械。为了防止意外故障而出现不能移动造成的影响,需要严格执行救援预案。

1）救援流程

做好防溜——确定救援方案并进行汇报——救援实施——清理现场。

（1）救援程序

一旦发生设备无法自行运行的故障，打磨操作人员连同司机应紧急停车，做好防溜。施工负责人视情况与车站或维调取得联系。应迅速按事故现场情况，按照逐级上报的原则，迅速准确报告事故情况，取得上级的最大指导。施工负责人立即组织所有成员进行点名分工，根据方案，迅速准备工具，负责整个过程中的人员分工和救援实施。

（2）救援规程

发电机突然发生故障或打磨单元发生故障：取出专用连接电线；连接24 V直流电源及液压应急泵；将液压应急泵红色手柄扳至水平位；打开24 V直流电源开关提升打磨车，将打磨车用锁销固定，开回车辆段进行故障检查及维修。如果短时间可以解决故障，则在解决故障后继续作业。

2）注意事项

①救援过程中一定要统一指挥、分工协作。

②救援专用工具和其他普通工具根据车辆部要求必须配备齐全，缺一不可，否则将影响整个救援的进度。

③救援过程中一定要时刻提醒注意人身安全。

3）救援善后处理

①如有脱落的零配件需妥善处理，必须将其收拾上车。

②施工负责人检查线路是否良好，有无损伤，确认无遗留的工机具或任何零部件。

③开通线路，线路几何尺寸达到开通条件。

2.2.6 设备使用与检修安全技术组织措施

1）作业安全措施

①打磨车施工设立施工负责人。施工现场的安全工作由施工负责人负责，要严格履行安全岗位逐级责任制。

②施工前施工负责人要对所施工的作业区段线路进行现场调查，确认线路状况和病害情况，同时制订正确的打磨方式。对不能打磨处所及区段作好记录。

③打磨车施工前，施工负责人应组织召开施工交班会，布置当天的施工任务，交代安全注意事项。施工负责人携带作业令。

④施工前对打磨车进行全面检查，确认打磨车工作状态良好，水箱有足够的消防用水，灭火器状态良好，打磨砂轮无掉块、无松动、无超限。

⑤施工负责人请点经核对无误后，向作业人员传达，打磨车受令明确后，凭调度命令进入封锁区间。严格执行施工封锁命令各项内容。

⑥打磨车尽量在直线上放车。放车时，车上要有防护人员和车内情况监控人员，并做好车下检查工作。

⑦作业时根据现场情况确定是否喷水。打磨作业中，操作人员必须集中精力，确认不可打磨地段，工作中禁止吸烟，不得与他人谈笑。

⑧打磨作业时,防止火星伤人和砂轮碎裂伤人。同时,车上人员要做好车体两侧易燃品的监控工作,发现火情及时与车下防火人员沟通,灭火,并作好停车灭火的准备。

⑨操作人员要紧密监视计算机显示屏,发现报警或其他异常情况要提起打磨砂轮,查清原因后才准许作业。操作时按规定提升下降打磨头,密切监视打磨头工作情况。

⑩施工过程中,驾驶室操作员互相监督作业情况;打磨车作业时,一切运动部件在活动范围内禁止任何人进入。

⑪操作人员应严格按照操作规程进行作业,根据线路情况正确选用作业方法,编排打磨角度;输入打磨速度和打磨功率;输入正确的打磨组合方式;机组人员随时观察机械各部分的工作情况,发现异常立即停机处理。

⑫操作人员观察砂轮的起落位置是否正确,误差较小时及时校正;误差较大时及时停车。操作人员必须确认打磨头全部提起后方可停车。

⑬作业时非操作人员禁止进入驾驶室,禁止操纵显示屏。

⑭发动机突然熄火时使用应急泵收起打磨车。

⑮作业后收车时,车内要有监控人员,操作人员按操作规程收车,确认 8 个锁销插设牢固,确认本车在可运行状态。

2）检修安全措施

①进行保养检修作业时,钢轨打磨列车要做好防溜措施,并施加制动、车辆两端设置禁止动车牌。

②当进入车辆底部擦拭机器或调整更换零件时,应与其他工作人员加强配合,防止碰伤头部及手脚,砸伤自己或其他人员。

③钢轨打磨列车在作业现场临时出现故障需检修时,应做好制动,发动机停机,切断本机主电源。需要启动发动机时,在确认检修人员从作业车下和车旁全部撤离后,方准启动发动机。

3）人身安全措施

①经常对职工进行人身安全教育,未取得上岗证（新上岗、易岗）的确人员禁止上道作业。

②在有电区,禁止到车顶进行任何作业,所携带的物件最顶端距离接触网带电部分不得小于 2 m。

③作业时,应按规定使用劳动保护用品。

④不准在车辆行驶中扒上、扒下;横跨线路时必须执行"一站、二看、三通过"的要求。

2.2.7 钢轨病害与维修周期

对线路上成段钢轨波浪形磨耗、钢轨肥边、马鞍形磨耗、焊缝凹陷及鱼鳞裂纹等病害达到下列情况时应进行修理性打磨:

①成段鱼鳞裂纹,轨面掉块深度超过 0.5 mm/1 m。

②成段波浪形磨耗,长度超过 100 m,波浪形磨耗值深度超过 0.5 mm/1 m。

③成段钢轨肥边,肥边值超过 2 mm。

④成段钢轨擦伤,长度超过 20 m,擦伤深度超过 0.5 mm/1 m。

⑤焊缝凹陷超过 0.5 mm。

⑥钢轨铺设后，在线路正式开通前对新铺钢轨地段进行预防性打磨。正式运营后，线路钢轨预防性打磨两年一遍。成段大修换轨后，应安排钢轨打磨车预防性打磨。

2.2.8　钢轨打磨车作业验收标准

钢轨打磨检查验收单位为 1 km，验收项目如下：

①打磨后钢轨不得连续发蓝（目视）。

②采用钢轨廓型仪或模板对打磨后钢轨廓形进行验收检查，符合打磨前廓面个性设计要求（钢轨廓形测量仪检测）。

③打磨抛光后钢轨表面相对光滑（目视）。

④对线路上钢轨波浪形磨耗、钢轨肥边、马鞍形磨耗、鱼鳞裂纹等病害应进行打磨，打磨质量标准见表 2.1。

表 2.1　钢轨打磨作业验收标准

钢轨顶面病害	精度要求	测量方法
钢轨肥边/mm	<0.3	1 m 直尺测量
焊缝凹陷/mm	<0.3	1 m 直尺测量矢度
钢轨母材轨顶面凹陷或马鞍形磨耗/mm	<0.3	
波浪形磨耗/mm	<0.2	

⑤打磨痕迹的最大平面宽度（以 60 轨为参考标准，见图 2.1）：R13 区域 4 mm，R80 区域 7 mm，R300 区域 10 mm（板尺测量）。

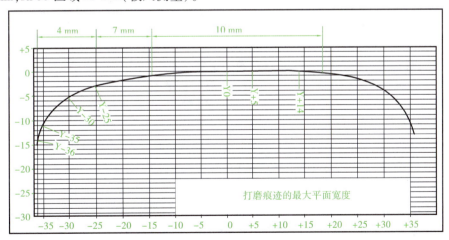

图 2.1　打磨痕迹的最大平面宽度图

⑥打磨后直线地段光带居中（以 60 轨为参考标准，见图 2.2，加粗部分为光带），光带位置在 R300 区域 +5°～ -3°（目视，板尺测量）。

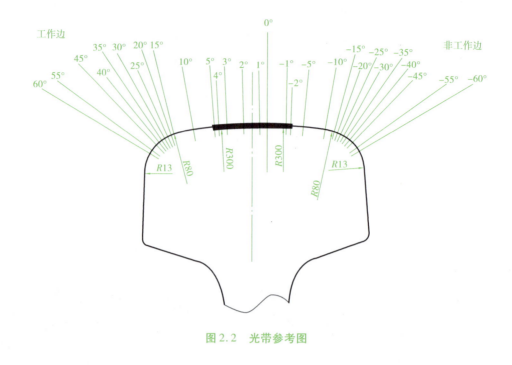

图 2.2　光带参考图

2.3　轨道检查仪

轨道检查仪是专门用于轨道几何参数测量与分析的检测仪器,包括检测机械装置、数据采集分析系统(即微型计算机控制检测分析系统,以下简称"面板")和智能型分析处理软件三大部分。轨道检查仪借鉴捷联式惯性系统的基本原理,采用姿态测控和轨迹测量原理(与大型轨检车的原理近似),通过在轨道上匀速推进,自动准确实时测量、大密度(采集间隔 0.125 m)记录轨道的静态几何参数,所有检测数据都可以通过数据采集分析系统转存在 U 盘上,在计算机中作进一步分析,提供轨道缺陷报表,指导修理作业,进行线路质量管理。

2.3.1　GJY-T-4 型轨道检查仪结构简介及工作原理

1)结构简介

GJY-T-4 型轨道检查仪是用于测量轨道静态几何参数的小型推车。它自带的微型计算机系统用于记录并分析检测数据,同时将测量的真实结果显示在液晶显示屏上,并可人机对话,用于记录线路的百米标记、道口、站台、固定螺栓脱落、断轨、烧化、毛边、边磨等标记。除此以外,现场检测的数据还将存储在数据采集分析系统的内存中,可通过 U 盘将所有检测数据转出后录入计算机中作进一步的数据处理及线路质量管理。

GJY-T-4 型轨道检查仪包括检测机械装置、数据采集分析系统和分析处理软件 3 个部分。GJY-T-4 型轨道检查仪的机械结构如图2.3所示。GJY-T-4 型轨道检查仪主要用于里程、轨距、超高、矢距、纵平的自动检测和缺陷检查,判断线路的横平状况、纵平状况以及是否有三角坑,为线路的维护提供依据。

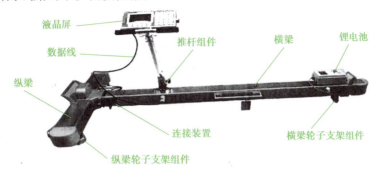

图 2.3　GJY-T-4 型轨道检查仪的机械结构

2)工作原理

将 GJY-T-4 型轨道检查仪按上道要求放置在轨道上,打开面板开关,进入自动运行状态,小车在轨道上匀速推行时,各传感器将自动测量轨道的几何参数,通过计算后将轨道几何参数显示在显示屏上,检测数据同时也记录到了面板内存中,以便通过 GJY DataBase 轨道参数分析处理软件对检测数据进行进一步的数据处理。

2.3.2　GJY-T-4 型轨道检查仪的特点

GJY-T-4 型轨道检查仪是用于测量轨道静态几何参数的小型推车式仪器。轨道检查仪的自带数据采集分析系统用于采集、记录、分析检测数据,并能实时显示所测参数,如里程、轨距、水平、轨向(10 m 弦)、正矢(20 m 弦)、高低的真实值,并可进行人机对话。

1)传感器精度高、性能稳定

轨向(正矢)和高低采用非接触式姿态测控和轨迹测量原理,与采用接触式测量方法相比,大大减轻了线路肥边或磨耗等对测量精度造成的影响,提高了轨向(正矢)和高低的测量精度,并充分考虑了产品野外作业和电气化铁路下的抗干扰能力。

2)质量轻,上、下道方便

上、下道时需人工操作,只需将横梁的走行轮放在钢轨顶面上,抬起纵梁向前轻推后将纵梁行走轮放在另一侧钢轨顶面上即可。通过弹簧的压力,自动使定位装置紧贴钢轨的内侧面。下道时先将纵梁行走轮向前轻推后再抬起,再将横梁抬起即可。下道动作与上道刚好相反。上、下道不到 10 s 即可完成。

3)自动测量记录

轨道检测仪上道后,打开数据采集分析系统开关,按照显示菜单提示可进行自动测量。匀速推动小车走行,每 0.125 m 自动采集一次数据,记录到内存中并将分析的结果及时滚动输出到液晶显示屏上。轨距和水平的校准一般在出厂时已校正好,如检查中发现有误差,可现场在 1 435 mm 的轨距及水平为零的标准点校准(也可用厂家配备的标定器进行校正)。校正时将小车置于该点上,按显示菜单提示校准即可。高低和方向的标零只需使仪器处于静止状态下,按显示菜单提示即可标定。

4)自动超限报警

在面板中设定好轨距和水平的超限报警标准后（一般设定为临时补修标准），仪器在测量采集数据的过程中遇到轨距和水平（直线上）超过设定的标准值时会自动报警，报警时面板将变为红色显示并伴有蜂鸣声，使检测者能够及时准确地发现线路中比较大的病害处所。

5)软件分析全面

轨道检查仪所检测的数据都存储到数据采集分析系统的内存中，可存储100 km 的线路检测数据，利用U盘作为转存储介质，能方便快捷地将检测数据转到通用计算机中，通过 GJY DataBase 轨道参数分析处理软件可对检测数据进行分析、结果显示、打印、存储，并可与工务管理信息系统连接提供线路维修的决策指导意见。GJY DataBase 轨道参数分析处理软件提供了线路的水平、轨距、轨距变化率、左右股轨向、左右股正矢和左右股高低及三角坑的数据谱图，线路质量缺陷（如轨枕裂纹、螺钉松脱等）和线路状态（如隧道等）的分布图表，还提供各种超限报表等。

2.3.3　GJY-T-4 型轨道检查仪主要技术参数

①检测项目及主要技术指标见表2.2。

表 2.2　检测项目及主要技术指标

序号	检测项目	技术指标		
		测量范围	示值误差	备注
1	左右高低	±100 mm	±1.0 mm/10 m 弦	
2	左右轨向	±100 mm	±1.0 mm/10 m 弦	
3	正矢	±400 mm	±1.0 mm/20 m 弦	
4	轨距	1 410 ~ 1 470 mm	±0.5 mm	
5	水平及超高（超高调头误差）	±200 mm	±0.5 mm（超高调头误差为0.3 mm）	
6	三角坑	±30 mm	±1.0 mm	2.4 m,6.25 m 基长
7	里程	0 ~ 9 999 km	±2‰	
8	轨距变化率			1‰ ~ 2‰

②采样间隔:0.125,0.25,0.5,1 m 四种可选。

③内存:储存100 km 以上线路检测数据。

④电池容量:能连续工作12 h 以上。

⑤质量:≤40 kg。

⑥外形尺寸:长×宽×高 = 1 700 mm × 1 100 mm × 1 000 mm。

2.3.4　GJY-T-4 型轨道检查仪计量检定及标定

GJY-T-4 型轨道检查仪在多次使用后,计量性能会发生改变,需要定期校准(标定)和周期检定。该仪器在每次使用时需要进行传感器标零设置(厂家配备了标定器和检定台),使用时参考轨道检查仪使用说明书(数据采集分析系统部分)。

1)传感器标零设置(校准)方法

①每天在上道正式测量前或检修维护后进行传感器标零设置。

②标零设置应在厂家配备的经过检定的标定器上进行。

③将标定器放在水平位置,调整标定器上的 4 个地脚螺母使安装在标定器上的条式水平仪纵向和横向两个水泡均在 0°水平位置,使标定器上两导轨面处于绝对水平位置。

④两人将 GJY-T-4 型轨道检查仪抬起,放到标定器上方使横梁行走轮置于一侧轨顶面,定位轴承紧贴轨道内侧中间定位,轻推纵梁使横梁右边弹簧压缩到能将纵梁一边的两个定位轴承能放入另一轨内侧面为止,然后将纵梁上的行走轮置于另一轨顶面。横梁一侧弹簧回弹后,纵梁上两个定位轴承将与另一轨内侧自动贴合。

⑤轻轻来回短距离推动轨道检查仪,调整在合适的位置,然后使仪器保持在静止状态。

⑥按《数据采集分析系统说明书》中的设置传感器零点选择界面及设置传感器零点界面设置各传感器在标准位置。

如果用户由于特殊原因需要在现场对轨道检查仪进行标定时,对轨距和水平,可以用道尺在线路上(没有肥边和磨耗)分别找出一个轨距和水平为零的地方,然后将仪器分别放在零点处对轨距和水平进行标定(这种标定方法会带入道尺误差,非特殊情况下不得使用,如果应用此法,使用的道尺必须是经严格检验合格的,以免严重影响轨道检查仪的测量精度);对方向和高低传感器的标定,只需使仪器保持静止状态即可标定。建议对方向和高低传感器的标定在上道后正式检查之前进行。

2)周期检定

①GJY-T-4 型轨道检查仪在拆装、检修或使用达到 3 个月或里程累计 1 000 km 后应进行检定。

②检定应在厂家配备的标准检定台上进行。

③检定时必须按照《GJY-T 系列轨道检查仪检定方法》中的相关规定进行检定。

2.3.5　GJY-T-4 型轨道检查仪上道准备及数据采集

GJY-T-4 型轨道检查仪由横梁、纵梁、手推架、数据采集分析系统(面板)及数据信号电缆线组成,其上道准备及数据采集过程如下:

1)仪器组装

①检查机器各部分有无松动现象。

②将纵梁和横梁对接,拨动棘轮扳手端头卡簧朝下,拉起连接部位的卡板手柄,向下搬动棘轮扳手手柄,使横梁、纵梁连接紧固(紧固后卡板手柄将不会自动弹回去),然后将

横梁上的数据线与纵梁上的接头连接紧固,将电池盒卡入固定卡座上并用电源线连接。

③调整手推架高度

a. 松开小十字螺母,向下按小 S 形片,提推杆向上,调节定位销到扇形片两个开口槽的最上槽,带紧小十字螺母。

b. 将手推架座上的销钉用手指按下,再将手推架向左旋转 90°,销钉在弹簧作用下自动复位,将手推架固定。

c. 调节推杆上部偏心锁紧装置,伸缩推杆到操作的合适位置,锁紧偏心锁紧装置。

④将面板连接到手推架托架上。

⑤用数据信号线将面板、横梁上的航空插座连接并拧紧。

⑥打开电源开关及面板电源开关,检查数据信号线是否接通及显示是否正常。

2)控制面板资料导入

按《数据采集分析系统使用说明书》中"资料设置"操作方法将"设置. txt"文件导入面板中(仪器在第一次使用时进行一次资料导入即可)。

3)标零设置

按《GJY-T 系列轨道检查仪检定方法》和《轨道检查仪 GJY-B 标定器使用说明书》进行设置。

4)上道进行轨道检查

①上道。两人将 GJY-T-4 型轨道检查仪抬起,放到轨道上方使横梁右侧的行走轮置于右轨顶面,轻推纵梁使横梁右边弹簧压缩到能将纵梁一边的两个定位轴承能放入钢轨内侧面为止,然后将纵梁上的行走轮置于左轨顶面。右侧弹簧回弹后,左边两个定位轴承与左轨内侧自动贴合。

②上道后,准备进行数据采集。数据采集时系统设置及操作方法参见《数据采集分析系统使用说明书》,匀速地推行仪器。在推行过程中,如遇避车,按"暂停"键后下道,并在下道地方做标记,避车后在标记位置上道,如有需要可在静态下按"F1"键对方向和高低传感器进行标零,再按"暂停"键继续向前推行进行数据采集。数据采集过程中向后拉仪器可删除已测量的数据,再前进时将继续采集数据。

在天气比较寒冷的地方使用轨道检查仪时应注意,如果轨道检查仪从室内外温差比较大的房间拿到现场使用时,建议在现场提前开机让仪器预热 15 ~ 30 min,使仪器的各电子元器件和传感器能处于低温稳定状态后再进行轨道检查。具体方法可以将仪器开机处于"自动监测状态",等显示的监测温度趋于基本稳定后再进行轨道检查作业。

5)下道、拆机、转运及软件数据处理

GJY-T-4 型轨道检查仪在完成轨道检查后,仪器需下道、拆机及转运,还需要对检测数据进行数据处理,其过程如下:

①仪器在自动运行采集数据完毕时,在轨道检查状态按"Esc"键退出,再按"确定"键,此时测得的数据文件将自动保存在面板内存中。按面板系统操作步骤,将面板正常关机,再将电池的工作开关置于"空"位,最后将仪器下道(下道是上道的逆过程)。

②将 U 盘接入控制面板 USB 接口,开机将检测数据导出到 U 盘中,关机后拔出 U 盘。

插拔 U 盘时最好在不带电状态下进行。仪器不工作时需将电源工作开关置于关闭状态或拆下供电电源,否则电池将自动放电。

6)仪器拆分

①将面板、横梁上的航空插座、纵梁上的航空插座连接电缆拧掉。

②将控制面板从手推架托板上取下,将电池从横梁电池座上取下。

③手推架回位。

a.调节推杆上偏心锁紧装置,缩回到最低位置,锁紧偏心锁紧装置。

b.将座椅上的插销用手指按下,往右旋转手推架90°。

c.先松开小十字螺母,往下按小S形片,推杆向下,调节定位销到扇形片两个开口槽的最下槽,带紧小十字螺母。

④拨动棘轮扳手的卡簧朝上,向上扳动棘轮扳手手柄,拧松连接螺栓,待连接部位的手柄自动弹回时,将纵梁和横梁拆分开。

⑤将仪器各表面擦拭干净后装箱(尤其是测量轮和走行轮必须清洁干净)。

7)仪器转运

在不使用本仪器或转移场地时,应将整机装入包装箱(纵梁和横梁分开装箱)后转运,不能让仪器在剧烈振动、强磁辐射的环境下运输。

8)检测数据处理

将U盘带回或就地用笔记本电脑按《GJY Database 轨道参数分析处理用户手册》进行数据处理、分析及报表打印。

2.4 小型机具

2.4.1 小型机具概述

目前,线路的养护维修工作正向着养路机械化方向发展,一些单项作业已实现了机械化和半机械化。但在日常的许多线路养护维修和线路病害整治方面,仍需使用手工工(机)具进行一些最基本的线路作业。线路上常用的养路维修手工工(机)具是目前线路维修基本作业必不可少的操作装备。

使用手工工(机)具进行作业,对列车运行影响小,行车安全可靠性大;手工工(机)具作业易操作,简单实用,能有效地消除线路病害;手工工(机)具体积小、质量轻、成本低,有一定的工作效率和作业质量。

2.4.2 手工工(机)具的种类

常用于线路手工作业的工(机)具,一般按其外形、用途、种类分为柄类工具、长件类工具、小件类工具、利刃类工具、特用类工具和运输类工具等。

①柄类工具:多用于捣固、改道、道床清筛、整理道床等作业,一般有捣镐、小拉耙(又称三齿叉)、大拉耙、口齿耙、九齿钢叉、三齿镐、铁锹、道钉锤等。

②长件类工具：主要有撬棍、长柄接头固定扳手、扣件固定扳手、轨距整正杆、抬杠等。

③小件类工具：主要有活扳手、抬钳、钢轨手抬钳、混凝土轨枕手抬钳、枕木拉钳、手摇钻、枕木夹紧器、枕木紧线器、起钉器、直孔器、起钉垫、直钉器、刹子、箩筐、铁筛等。

④利刃类工具：主要有锛斧、劈刀、龙锯、末工斧、手工锯等。

⑤特用类工具：主要指在机械工具无动力或发生故障时，线路在区间发生故障需应急处理时，以及在特殊情况下进行施工所需要的钢轨作业工具，常用的有锯弓、板钻器、板钻架等。

⑥运输类工具：主要指单轨小车。

2.4.3 手工工(机)具的用途及使用方法

1)捣镐

捣镐是线路手工捣固的主要作业工具之一，是用于线路起道后捣实轨枕下道砟，稳固轨枕下基础的作业工具。也可在清筛或清挖冒浆道床作业中，用于刨松板结道床和泥砟。

作业由单人实施，轨枕捣固两人配对作业。捣镐由镐和镐柄组成。镐的一头为镐头，宽度为 70 m，另一头为镐尖，长度为 360 mm，主要作串实用（若用于清筛道床时镐尖可稍加长）。

2)铁锹

一般线路作业使用圆头铁锹，用于开挖及清理水沟，埋设、更换线路标志，铲除路肩杂草，修补路肩等作业。铁锹属柄类工具。柄长为 1.8～2.0 m，属单人作业使用工具。

3)九齿钢叉

九齿钢叉常用于道床坡脚石砟整理、道床边坡整修、收集散砟和杂草清除等作业。钢叉由九齿排列成锹状，柄长为 1.8～2.0 m，使用时单人操作。

4)道钉锤

道钉锤用于木枕线路改道和更换钢轨时钉道钉，打紧防爬器。道钉锤锤体为柱形体，长为 400 mm 左右，柄长为 1～1.2 m，作业为单人操作。

5)撬棍

撬棍是线路养护、维修作业的专用工具，通常用于线路、道岔木枕改道起钉作业或用于更换钢轨、尖轨、叉心翻拨作业（轨道电路区段作业宜采用绝缘撬棍，即撬棍中部断开，用绝缘材料隔开后再连接牢固或在撬棍棍身上套上绝缘套进行作业）。撬棍一头为开口撬嘴，另一头为撬棍尖。撬棍长为 1.6～1.8 m。撬棍使用为单人作业，主要依靠杠杆原理起钉及翻拨钢轨。

6)固定扳手、活扳手

固定扳手、活扳手用于线路联结零件作业。长柄接头固定扳手主要用于扭矩为 700～900 N·m 的钢轨接头螺栓的紧固，扳手柄长 1.2～1.4 m；扣件固定扳手主要用于混凝土轨枕扣件螺栓涂油作业的扣件螺栓松紧作业，扳手柄长（加套管）600～700 mm；各类活扳手主要用于各种不同规格的护轨、活接头、轨撑等螺栓涂油的松紧作业。扳手作业均为单人操作。

7）枕木夹紧器

枕木夹紧器用于捆扎木枕，将枕木开裂缝隙夹紧闭合，然后进行捆扎。其主要由紧固架和紧固螺杆组成。作业时单人操作。

8）枕木紧线器

在使用镀锌铁丝捆扎开裂木枕时，为使枕木捆扎紧实，用枕木紧线器可起到紧线作用。使用时卡线钳口卡住铁丝，然后用拉紧杆拉紧铁丝，使木枕裂缝逐渐闭合。紧线器作业为单人操作。

9）锛斧

锛斧主要用于木枕削平，以消除垫板底积水，修整枕木面不平翘头、扭曲，消除枕木面与垫板底不密贴的现象，以及修整轨底坡。锛斧呈锄形，属利刃工具，柄长 1.2 m 左右。锛斧削平枕木作业单人操作。

10）龙锯

龙锯主要用于锯断废旧枕木，制作防爬本撑、防爬器加力板及改道用木塞。龙锯为大型锯齿型利刃工具，由锯身与两端握柄组成。使用时由两人配合作业。

11）单轨小车

单轨小车用在钢轨上推行，运送线上零星料、作业工具、小型机具。作业时由一人掌车，随车人员应有 4 人，并确保在来车前及时将单轨小车撤出线路。

2.4.4 工具的检查

根据作业项目，对所选择的工具进行检查。

1）工具检查

①检查柄杆是否有断痕、毛刺，柄杆与铁件工具安装联结是否牢固，铁丝、拉绳是否有破损。

②检查工（机）具的铁件结构有无裂纹或损坏。

③检查工具的绝缘装置性能是否良好，利刃类工具是否锋利或有无断缺。

④使用前检查单轨小车状态是否完好，走行轮是否有绝缘装置，检查是否带齐防护旗和对讲机等防护用品。

2）工具使用中的注意事项

①携带和使用工（机）具必须轻拿轻放，不得随意抛扔。

②在作业中应视场地条件、作业流程，做到换件堆码有序、方便作业，注意不得侵入限界，不得有碍人身安全。

③在使用中必须随时注意工具的使用情况，发现性能不好、使用不良或损坏，要停止作业，进行检查或修理、调换。

④使用活口扳手应按螺栓的规格和所需扭矩进行选择，不能随意加力使用，以免开口处断裂，不能把扳手作为工具锤敲击物件。

⑤使用利刃类工具时，要注意保护工具的刃口，要清除枕木面的石沙、断铁丝及旧枕木中的断钉，以防损坏工具。

⑥使用绝缘工具作业时，要注意不得碰坏绝缘套管。绝缘撬棍不得用于翻拨钢轨，使

用中如发现绝缘装置不良,要及时更换,以免作业中造成连电,影响信号。

⑦道钉锤作业打锤动作、姿势要规范,以防落锤击打钢轨和铁垫板,损坏设备和锤面,锤柄松动时要随时装紧后再使用。

⑧用大、小拉耙回填石砟时,落耙要避开固定物,防止拉砟时猛然受阻,拉断绳索或拉弯耙齿。使用中,镐尖断裂,耙齿弯曲、折断,应及时进行矫直或更换。

⑨在使用锯轨、钻孔手工工具时,要注意两人作业配合一致,用力均匀协调,不能过猛发力,造成锯条折断或钻头爆裂。

⑩使用单轨小车运输料具,应注意一次装载质量不得超过150 kg,应装载稳固,前后防护距高不少于800 m。单轨小车掌车人必须在道心行走,在站内单轨小车不得放在靠站台的一股钢轨上行走。小车上不准坐人,不准将单轨小车交给临时工使用。

项目3 初级工理论知识及实操技能

3.1 钢轨类型及材质

钢轨类型习惯上用每米钢轨大致质量的千克整数(kg/m)表示。我国铁路标准钢轨有75,60,50,43 kg/m 等。线路上的钢轨类型应与运量、允许速度和轴重相适应。钢轨类型的选择要根据运输条件综合考虑。技术上,应保证足够的强度、韧性、耐磨性和稳定性;经济上,能保证合理的大修周期,减少养护维修工作量。根据《地铁设计规范》,地铁正线及辅助线钢轨应依据近、远期客流量,并经技术经济综合比较确定,宜采用 60 kg/m 钢轨,也可采用 50 kg/m 钢轨。车场线宜采用 50 kg/m 钢轨。

西安地铁一号线正线、辅助线及出入线采用 60 kg/m 钢轨,材质为 U75V,钢轨定尺长度均为 25 m,库内、外线均采用 50 kg/m 钢轨,材质为 U71Mn。西安地铁二号线正线、辅助线及出入线采用 60 kg/m 钢轨,材质为 U71Mn。

3.2 联结零件、扣件

3.2.1 联结零件

钢轨接头联结零件包括夹板、螺栓、螺母、垫圈等。它的主要作用是保持两根钢轨的连续性,使钢轨接头前后与完整的钢轨一样,并传递和承受钢轨的挠曲力、横向力,同时满足钢轨热胀冷缩的要求。

西安地铁一号线使用普通接头和减振接头,采用 10.9 级高强度接头螺栓、10 级高强度螺母,型式尺寸符合《钢轨用高强度接头螺栓与螺母》(TB/T 2347—1993)的规定;采用符合《钢轨接头用弹性防松垫圈》(TB/T 2348—1993)规定的弹簧垫圈。

3.2.2 扣件弹条类型

钢轨扣件就是轨道上用以联结钢轨和轨枕(或其他类型轨下基础)的零件,又称中间联结零件。其作用是将钢轨固定在轨枕上,保持轨距和阻止钢轨相对于轨枕的纵横向移动。对近十多年来在国家铁路或地方城市轨道所采用的各类轨道扣件进行分类,大致可以归纳为五大系列:第一系列为传统系列扣件;第二系列为地下线路系列扣件;第三系列为高架线路系列扣件;第四系列为弹簧系列扣件;第五系列为减振系列扣件。

1)传统系列扣件

传统系列扣件主要有木枕扣件和混凝土枕扣件。

木枕扣件是木枕轨道上用于联结钢轨和木枕的联结零件。根据其联结钢轨、垫板与木枕三者之间的关系分为分开式和混合式。

分开式扣件是将固定钢轨和固定铁垫板的螺栓或道钉分开。一般用道钉将铁垫板固定在枕木上,铁垫板上有承轨槽,固定钢轨的螺栓安装在铁垫板上,用弹条或扣板将钢轨固定。混合式扣件由铁垫板和道钉组成。用勾头道钉(方形)直接将钢轨与铁垫板以及枕木连接在一起。其扣压力较小,为防止钢轨纵向爬行,需要较多的防爬设备。

混凝土枕扣件是混凝土枕轨道上用于连接钢轨和混凝土轨枕的联结零件。混凝土枕质量大、刚度大,对扣件性能要求较高,对其扣压力、弹性和可调性均有较严格的要求。混凝土枕扣件,按其结构可分为弹条扣件、扣板式扣件和弹片式扣件 3 种;按扣件本身弹性可分为刚性扣件和弹性扣件;按混凝土轨枕有无挡肩分为有挡肩扣件和无挡肩扣件两种。

2)地下线路扣件

DTVI-1 型扣件、DTVI-2 型扣件。

3)高架线路扣件

WJ2 型扣件、WJ1 型扣件。

4)减振系列扣件

(1)克隆蛋扣件

为减少轨道列车运行过程中的冲击作业对地面重要建筑群的影响,降低地铁的振动和噪声,在特殊地段的轨下安装了克隆蛋扣件,如图 3.1 所示。

图 3.1　克隆蛋扣件

(2)Vanguard 扣件

Vanguard 扣件采用弹性楔形支承在钢轨轨头下颏,从而使轨道轨底离开轨座,而楔形支承块则由固定在轨下基础的测板托架支承定位。Vanguard 扣件既可用于有砟轨道,也可用于无砟轨道。

（3）洛德扣件

如图 3.2 所示为洛德扣件,该扣件为近年来引进的新扣件,它的减振效果比较明显,在近年建设的新线中,凡减振要求较高的地段,均采用该扣件。它的缺点是调高量太小,对沉降量较大的地段不宜采用。

图 3.2　洛德扣件

西安地铁目前采用了 DTVI-2 型扣件、弹条 I 型扣件、框架板扣件、III 型减振器扣件、洛德扣件、谐振式浮轨扣件等类型的扣件。

3.3　轨枕及道床

3.3.1　轨枕的种类

轨枕既要支承钢轨,又要保持钢轨的位置,还要把钢轨传递来的巨大压力传递给道床。轨枕的种类有木枕和混凝土枕两大类。

1)木枕

木枕的优点是富有弹性,可缓和列车的动力冲击作用;容易加工制造;便于运输、铺设和养护维修;有较好的绝缘性能;扣件和木枕联结简单;木枕与碎石道砟之间有较大的摩擦系数,能保证轨道的稳定。

2)混凝土枕

混凝土枕不受气候、腐朽的影响,使用寿命长,具有较高的道床阻力,对提高线路稳定性十分有利。缺点是质量大,弹性差,更换困难。

混凝土枕根据使用部位不同,可分为一般混凝土枕、混凝土岔枕和混凝土桥枕 3 种。

一般混凝土枕分为普通混凝土枕和预应力混凝土枕。普通混凝土枕强度低,易开裂,不能在正线上使用。预应力混凝土枕采用高强度材料,预应力的作用使轨枕受拉区的混凝土在未承受荷载之前,就预先受到压应力,提高了抗裂能力。

3.3.2　道床的形式

道床铺设于路基之上,轨枕之下,起承受、传布荷载,稳定轨道结构的作用。道床有碎石道床和整体道床两大类。

1)碎石道床

碎石道床的优点是结构简单,容易施工,减振、减噪性能好,造价低。

2)整体道床

整体道床也称无砟轨道,是在坚实基地上直接浇筑混凝土以取代道砟层的新型轨下基础,常用于地下铁道、无砟桥梁及检修库内的轨道。

西安地铁一号线使用了地下线短枕式整体道床、地下线高等减振地段的减振垫浮置整体道床、地下线高等减振地段的道砟垫碎石道床、地下线特殊减振地段的钢弹簧浮置板整体道床及可调式框架板道床5种道床形式。

3.4　曲　线

3.4.1　曲线的基本要素

如图3.3所示,曲线的基本要素有曲线的转向角α(转向角和线路中心角相等)、曲线半径R(即圆曲线半径)、曲线切线长T、曲线外矢距E、曲线全长L和缓和曲线长l_0。

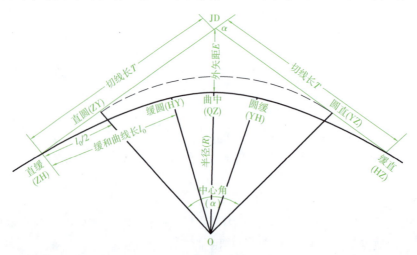

图3.3　曲线基本要素图

3.4.2　曲线外轨超高及曲线轨距加宽

1)曲线外轨超高

（1）设置超高的目的

列车在曲线上运行时,产生向外的离心力,以 F 表示为

$$F = \frac{mv^2}{R}$$

由公式可知,离心力的大小取决于列车运行的速度和曲线半径。速度越高、半径越小,离心力越大。离心力使曲线外轨受到很大的挤压力,加速了外轨的磨耗,严重时会造成机车车辆脱轨或倾覆。为了平衡离心力,应在曲线外轨上设置超高,借助车辆重力的水平分力来抵消离心力,以达到曲线里外两股钢轨所受的垂直压力大致相等,钢轨磨耗均匀,增加旅客的舒适度。

（2）设置超高的技术要求

超高计算公式

$$h = 11.8\frac{v^2}{R}（取 5\ mm 的整倍数）$$

未被平衡欠超高

$$h_c = \frac{11.8v_{\max}^2}{R} - h$$

未被平衡过超高

$$h_g = h - 11.8\frac{v_H^2}{R}$$

式中　h——外轨超高度,mm;

　　　　v——经实测计算得到的平均速度,km/h;

　　　　R——曲线半径,m;

　　　　h_c——未被平衡的欠超高,mm;

　　　　h_g——未被平衡的过超高,mm;

　　　　$v_{\max}$——实测最高行车速度,km/h;

　　　　v_H——货物列车平均行车速度,km/h。

2)曲线轨距加宽

在小半径曲线地段,为使列车顺利通过曲线,轨距需要加宽。轨距加宽的大小与曲线半径、机车车辆的轮对宽和固定轴距有密切关系。曲线轨距按表3.1规定的标准加宽。

表 3.1　曲线轨距加宽表

曲线半径/m	$R \geqslant 350$	$350 > R \geqslant 300$	$R < 300$
轨距/mm	1 435	1 440	1 450
加宽值/mm	0	5	15

3.4.3 缓和曲线

缓和曲线是连接直线和圆曲线、半径由无穷大逐渐变化到与圆曲线半径相同的曲线。

缓和曲线的设置目的是通过曲率的逐渐变化,适应机车转向操作的行驶轨迹及路线的顺畅,缓和行车方向的突变和离心力的突然产生;使离心加速度逐渐变化,不致产生侧向冲击;缓和超高,作为超高变化的过渡段,减少行车震荡。

3.5　单开道岔

3.5.1　单开道岔的构造

普通单开道岔由转辙部分、辙叉及护轨部分和连接部分组成。转辙部分由两根基本轨、两根尖轨、各种零件及根部结构组成,如图 3.4 所示。道岔的连接部分是用不同长度的钢轨,将前端转辙器与后端辙叉及护轨部分连接起来,以组成整组道岔。辙叉由心轨和翼轨组成,是使车轮由一股钢轨越过另一股钢轨的设备。

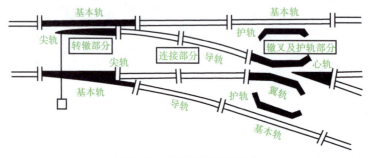

图 3.4　单开道岔的构造

3.5.2　单开道岔几何尺寸

单开道岔几何尺寸如图 3.5 所示。在普通单开道岔中,直线线路中心线与侧线线路中心线的交点称为道岔中心,从道岔中心至基本轨前端轨缝中心的距离称为道岔前长,从道岔中心至辙叉尾端轨缝中心的距离称为道岔后长,从基本轨前端轨缝中心到辙叉尾端轨缝中心的距离称为道岔全长。道岔全长包括道岔前长和道岔后长。

单开道岔主要尺寸见表 3.2。

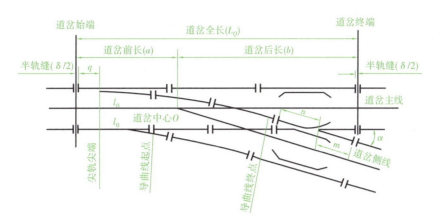

图 3.5　单开道岔几何尺寸

表 3.2　单开道岔主要尺寸

| 钢轨类型 /(kg·m⁻¹) | 道岔号数 | 道岔全长 | 道岔前部实际长 | 道岔后部实际长 | 基本轨前端至尖轨尖端/q | 尖轨长度 | 尖轨后直线长 | 辙叉尖前直线长 | 辙叉 | | | | | | 轨辙角 β | 导曲线半径 R |
									全长	趾距	跟距	趾宽	跟宽	辙叉角 α		
60	12	37 907	16 853	21 054	2 646	11 300	0	2 548	5 922	2 125	3 797	177	316	4°45′49″	尖轨尖端角	350 717.5
	12 过渡	37 907	16 853	21 054	2 646	7 700	0	2 483	5 922	2 125	3 797	177	316	4°45′49″	1°04′18″	330 717.5
	9	29 569	13 853	15 730	2 646	6 450	0	2 058	4 307	1 536	2 771	170	306	6°20′25″	1°21′56″	180 717.5
50	12	36 815	16 853	19 962	2 646	7 700	0	2 483	4 557	1 849	2 708	154	226	4°45′49″	1′04′18″	330 717.5
	9	28 848	13 839	15 009	2 646	6 250	0	2 115	3 588	1 538	2 050	171	228	6°20′25″	1°19′12.7″	180.717.5
43	12	36 815	16 853	19 962	2 646	7 700	0	2 483	4 557	1 849	2 708	154	226	4°45′49″	1°04′18″	330 717.5
	9	28 848	13 839	15 009	2 646	6 250	0	2 115	3 588	1 538	2 050	17	228	6°20′25″	1°19′12.7″	180 717.5

3.6　无缝线路概述

无缝线路是为减少钢轨接头不良影响,由普通钢轨焊接成具有一定长度(一般不少于 500 m)的长轨条所铺设成的轨道线路。

3.6.1　无缝线路的平面结构与类型

无缝线路的平面结构分为固定区、伸缩区和缓冲区。

1)固定区

无缝线路长轨条的中间部分在一般情况下基本处于稳定状态而不能伸缩,这一范围称为固定区。

2)伸缩区

在长轨条的两端,钢轨受温度的影响,在一定距离范围内,要发生一定的伸缩变化,这一范围称为伸缩区。伸缩区长度根据年轨温差幅值、道床纵向阻力、钢轨接头阻力等参数计算确定,一般为 50~100 m。

3）缓冲区

为满足伸缩区钢轨长度变化,必须在伸缩区外设置几根短轨,并于短轨之间设置轨缝来调节长轨条伸缩变化的影响。这一短轨区范围称为缓冲区。

3.6.2 无缝线路的类型

无缝线路根据钢轨内部温度应力方式不同分为温度应力式和放散温度应力式两种。

1）温度应力式

无缝线路结构简单,铺设维修方便。

无缝线路上的焊接长钢轨被充分锁定,在温度变化的情况下,除两端长度各不足100 m的范围内少有伸缩外,其中间部分全然不能伸缩。在钢轨内夏季产生温度压力,冬季产生温度拉力,这种类型的无缝线路称为温度应力式无缝线路。

2）放散温度应力式

放散温度应力式无缝线路分为自动放散式和定期放散式两种。

在温差较大的地区和特大桥梁上,为了消除和减少钢轨温度力对钢梁伸缩的影响,采用自动放散温度应力式无缝线路。自动放散温度应力式无缝线路是在焊接长钢轨内设置桥用钢轨伸缩调节器,以释放温度力。

定期放散温度应力式无缝线路的结构形式与温度应力式相同。根据当地轨温条件,对钢轨内部的温度应力每年调整 1~2 次。定期放散温度应力式无缝线路适用于温差较大的寒冷地区。

3.7 实操技能

3.7.1 安装和更换夹板

1）作业(操作)方法和步骤

（1）作业前准备

①请点,并设置施工防护。

②检查工器具(扳手、道钉锤、扁铲、钢丝刷、油刷、油料等)。

（2）作业操作程序

①混凝土枕卸下夹板两侧扣板,取出的扣板应摆放整齐。

②卸螺栓。按前后顺序间隔卸下螺栓,卸下的螺栓和垫圈放在固定位置上。

③卸夹板。夹板要用撬棍撬开,不得用锤直接敲打。卸下后先将内部积土和锈清扫干净,放的位置要离开钢轨适当距离,不要妨碍钢轨去锈涂油。

④除锈与检查。用钢丝刷及小扁铲除去夹板、钢轨孔周围及螺栓上的积锈、油垢,认真检查钢轨及夹板有无伤损,如有伤损需进行更换。

⑤涂油。用油刷将螺丝扣件面涂油,夹板与钢轨接触面上均涂上油层。

⑥上夹板及螺栓。上夹板时,可先用扳手把尖端将两侧夹板拼齐串好,再穿入螺栓。上螺栓的顺序是:直线先上最外端两个,后上中间两个,再上其余两个;曲线先上最外端两个,后上次位两个,最后上中间两个。垫圈口向下。

⑦复拧。螺栓全部上完后,再普遍拧紧,使之达到规定力矩。

⑧上扣板。按扣件技术要求上好扣板。

⑨确认状态完好,撤除防护。

2)质量标准

①换入的接头夹板应与钢轨类型一致,技术状态良好。除锈、清扫应干净。

②接头错牙不得超过 2 mm。

③接头螺栓扭力矩应达到规定值,垫圈开口应向下。

3)注意事项

①作业时必须按规定设好防护,作业后确保人员、工器具出清方可销点。

②放行列车时,夹板每端上紧两个螺栓、接头两个扣件。

③安装夹板和螺栓时,严禁用手指穿入螺栓孔内和轨缝内,以免夹伤手指。

④来车时应下道避让。

3.7.2 小型机械捣固

1)作业方法和步骤

①捣固机检查并试运转。

a.检查机械是否良好,并拧紧松动的紧固件。

b.检查油箱及振动油腔中存油是否充足,润滑状态是否良好。

c.检查液压泵手柄是否灵活、有效。

d.检查液压系统是否正常,如有泄油,应予消除。

e.检查下道架是否良好、牢固。

f.检查电气开关及电气绝缘是否良好,并启动捣固机试运转 3~5 min,检查电机各部分温升是否正常。

②上道。操作者在确认施工负责人发出上道作业信号后,方可推机上道。每台捣固机由 1 人操作,另 1 人做辅助工作。

③捣固。捣固时,要对位准、下插稳、夹实快,按下插—夹实—张开—提升—转移的顺序进行作业。

a.下插。捣固机要定位,镐板在轨枕前后和钢轨前后的距离要均匀,并垂直下插,不得撞击钢轨、轨枕及联结零件。下插要稳,遇阻力时应边下插边略做张合动作。镐板上缘应插到轨枕底面下 30~40 mm。

b.夹实。在镐板下插到位后即开始夹实。夹实时,镐板夹到行程终了以后,应持续夹实 3~5 s。夹实次数应按起道量、道床状态确定。一般情况下,小腰夹一次,大腰夹两次,接头(接缝两侧各2~3根)夹2~3次。

c.张开:镐板必须张开至行程终端,为防止镐板提升碰伤轨枕,严禁未完全张开而提升镐板。

d.提升。每捣完一根轨枕后,两台捣固机要同时提升镐板,严禁镐板在夹实状态下提升。

e.转移。动作要迅速,做到边升镐边推移捣固机,走圆弧形,并不得碰撞轨枕及零件。两台捣固机应同起同落同时转移推进,动作一致,保持平稳。操作中用耳听、眼看、鼻闻、手摸的方法,即听机器有无异常音响,看捣固位置和各部件状态,闻机械各摩擦、电缆等有无异味,摸电机、油泵、振动轴温升变化。若发现异常情况,应提升、断电、下道处理。

④下道。应先将镐板提到最高位置,由辅助人员协助推下线路。下道后,应将镐板降到最低位置,并将夹实油缸活塞全部压在缸筒之内,固定好捣固机。

⑤捣固结束后,要检查水平、高低和空吊板情况,检查捣固质量。收工前应对捣固机进行保养和擦拭,并罩上机套,绑牢捆紧并上锁。

2)质量标准

①捣固结束后,要检查水平、高低和空吊板情况,确定捣固质量。

②收工前应对捣固机进行保养和擦拭,固定加锁,罩上机套,绑牢捆紧。

3)注意事项

①按规定设置好防护,未设置好防护禁止上道。

②应备足石砟,要防止盲目起高道而造成缺砟。

③作业中,凡涉及与信号有关的必须申请通号部门配合。

3.7.3　螺栓涂油

1)作业方法和步骤

(1)准备作业

螺栓涂油适用于线路的扣件作业。

(2)使用工具

内燃扳手、丁字拐、长柄扳手、刮刀、扁油刷、钢丝刷、油桶,并备用小胶垫、扣板(挡板)、垫圈、调整垫片等。

(3)技术作业程序及要求

①卸掉螺帽。隔二卸一,将螺帽、垫圈放在轨枕面上。

②整修不良扣件。将扣件全部取下,对轨枕槽及扣件、螺栓清扫除锈。更换补充小胶垫。在扣板(挡板)号码的基础上加补调整垫片。铁垫片加在扣板(挡板)轨底间及扣板铁座间。

③螺栓涂油。对螺杆及螺帽进行涂油,带上垫圈,拧上螺帽。

④拧紧螺帽。用丁字拐按要求拧紧。

⑤当日复紧。收工前用长柄扳手逐个复紧一遍。

⑥检验。用公斤扳手抽样检查,并作记录。

⑦复查与复紧。经过3~5日,工长应抽样复查,不符合要求时再安排一次复紧。

2）质量标准

①螺栓锈蚀清除彻底，丝杆涂油均匀。

②小胶垫无缺损，扣件位置正确，顶严密靠。

③各种型号扣件不得混杂使用，接头、中间和加宽的扣件应正确使用。

④调整垫片无双垫，应使用规定的铁垫片和胶垫片，位置正确整齐。

3）注意事项

①按规定设好防护。

②来车时要及时下道，工具同时撤离线路。来车时按规定上好扣件才能放行列车。

③工器具不伤手脚。

3.7.4 线路拨道作业

1）作业方法和步骤

（1）准备作业

①准备工机具，确保齐全、有效（拨道器3台、道镐、直尺、弦线、夯拍板、耙子）。

②确定基准股。直线地段如两股方向误差不大时，一般以顺里程方向的左股为基准股。一股方向好，则以方向较好的一股为基准股。曲线地段应以上股为基准股。

③曲线地段应事先调查现场正矢，并计算拨道量。

④当拨道量大或道床特别坚实时，应在拨道前将轨枕头外的道砟挖开一些。当拨道量大于20 mm时，需要先进行荒拨。当拨道量不大时，用镐尖将轨枕头外的道砟刨松即可。曲线上有"鹅头"时，应先将"鹅头"消除。

⑤轨缝大小不均，如有连续瞎缝或大缝，曲线地段向外拨而轨缝过大，向内拨而轨缝过小，要计算其影响量，预先做好调整，消除瞎缝，以防胀轨跑道。

⑥当轨枕盒内设有防爬支撑而拨道量又较大时，应扒开靠防爬支撑拨动方向侧的道砟，必要时可松开防爬器和防爬支撑。

（2）作业步骤

①用液压拨道器拨道。扒窝深120～125 mm，用3台，相距2～3孔。每撬相隔5～7根枕木，拨正方向一侧设两台，另一侧设1台，呈V形。油缸与轨面不大于45°，3人应同时根据指挥者的手势拨动钢轨，为防止拨后来车钢轨回复，要预留适当的回弹量，一般预留5～6 mm。

②曲线拨道。一般应由曲线两端向中间拨。

③指挥拨道。拨大弯时指挥人距拨道人100 m，拨小弯时指挥人距拨道人50 m。指挥人双腿跨在方向好的一股轨上（曲线沿上股指挥）。

④检查、整理。留回弹量，用弦线量不合格处所重拨。打紧防爬，安好支撑，回填夯实道床。

2）注意事项

①曲线拨道前后要做好地锚拉杆松紧工作，不准使用地锚拉杆松紧强度来强制控制轨道方向，同时拨必须松动枕木头，防止拨后出现高低。

②大方向直顺，无漫弯。小方向用10 m弦量，其误差不超过允许范围。

③曲线正矢符合要求且无"鹅头""反弯"。

④在无缝线路地段及电气化区段进行拨道作业时,应满足《铁路线路安全规则》和《铁路线路修理规则》相关规定要求。

⑤使用拨道机拨道,每次拨道量不宜超过20 mm。

⑥在有轨道电路及绝缘接头处所拨道时,应离开接头50 mm以上。

⑦电气化区段拨道作业,线路中心位移不得超过±30 mm,一侧拨道量年度累计不得大于120 mm,并不得侵入限界。

⑧在曲线地段向外拨而轨缝过大,向里拨而轨缝过小时,要考虑或计算其影响量,预先做好调整。

⑨拨道器不得装在绝缘接头处和焊缝处。

⑩在轨道电路区段作业,工具应有绝缘装置。

⑪在双线并行地段,拨道后应检查线间距。

3.7.5　线路起道作业

1)作业方法和步骤

①校对量具。

②检查划撬。划出撬头、撬尾,并划出轻重捣、低接头、拱腰、空吊板等处所,用约定的符号表示。

③打浮离道钉或拧紧扣件螺栓,消除空吊板。

④确定标准股。直线上以水平高的一股为标准股,普遍起道时以左股为标准股,曲线地段则以下股为标准股,以免因反超高而造成下股落道或上股超高不足的缺点。

⑤看道。看道者俯身在标准股上距起道机20~30 m处,看轨头外侧下颚水平线,以三点确定一线的方法,根据前标准点和后标准点起平中间点。

⑥放置起道机。拿起道机的人要密切注视着看道者的指挥,正确放置起道机,动作要敏捷。全起全捣时,起道机一般在接头中间放置一次,两端距接头5~8根轨枕处各放置一次,并顺次向前。重起全捣或者重起重捣时,陡坑在坑底处放置一次,漫坑则放置2~3次。起道机必须放平稳,直线放在钢轨里口,曲线上股放在外口,曲线下股放在里口。接头处应放在接头中间孔(铝热接头、绝缘接头除外)。

⑦打塞(砸撬)。当轨道起到要求高度后,打塞者在钢轨外侧轨下枕底处,将道砟串实,禁止打顶门塞,确保撤出起道机后轨道不回落。在混凝土枕地段起道时,应将起道机两侧轨枕底道砟串实。

⑧起道找平。先起标准股,再用水平轨距尺找平另一股。找平曲线外股时,按超高量垫上超高板。看道者回看纵向水平,视高低情况补撬。

⑨复查补撬。两股起平后,看道者在前一节钢轨回看纵向水平,视高低情况补撬。对拱腰或死坑,应在钢轨上做加强捣固的符号。

2)质量标准

①轨道前后高低目视平顺,无漫包,用10 m弦量最大矢度正线到发线不超过4 mm,其他站线不超过5 mm。

②静态水平误差。正线到发线不超过 4 mm,其他站线不超过 5 mm。

③三角坑误差不含曲线超高顺坡造成的扭曲度,正线到发线不超过 4 mm,其他站线不超过 5 mm。

④除经测量调整纵断面外,应保持既有坡度、坡度变更点位置和竖曲线半径。

3)注意事项

①起道机手必须由操作熟练者担任,不得兼做其他工作,来车时不得抢撬。

②看道者要切实掌握列车间隔时间,尽量做到起好捣完,减少重复作业。

③起道量确定应考虑现有石砟量,要防止盲目起高而造成缺砟。

④起道来车时,其顺坡长度不应少于起道量高度的 200 倍,作业收工时其顺坡长度不应少于起道高度的 400 倍。

⑤不安全因素包括绊倒、机具侵限未及时撤离、镐头脱落、飞砟等。

⑥防止轨道电路短路。

3.7.6　普通单开道岔检查

1)作业方法和步骤

①准备工作。预先填写"道岔检查记录簿"中的站名、道岔编号、道岔型号、检查日期及检查人。确认道尺、支距尺是否在计量部门鉴定的合格期内,如不在合格期内可向考评员汇报,征得同意后,方可使用。

②将道尺游标定在轨距"35"处,用钢卷尺丈量道尺的轨距尺寸是否偏差大于 ±1 mm。超过允许偏差时进行调整。

③设置防护,报告考评员,上道进行作业。

④在距道岔 30~50 m 处,站立目视道岔直外股的轨向,卧式目视其高低,如发现轨向或高低不良时,可记录在"轨向、高低及其他栏内"。

⑤目视完轨向高低后,回到检查的第一处(尖轨前顺坡终点,即道岔前接头处,正反道尺校正其水平是否误差大于 ±1 mm,误差大于 ±1 mm 时,作调整)。

⑥检查步骤:按照先轨距、后水平的顺序逐处检查、记录。检查轨距时,大于 1 435 mm 时为" + "号,小于 1 435 mm 时为" - "号;检查水平时,直股以外股为标准股,曲股以外股(上股)为标准股,标准股高时为" + "号,反之为" - "号。

第一处:尖轨前顺坡终点。在距基本轨前端部 100 mm 范围内。

第二处:尖轨尖端处。在距尖轨尖端 50~100 mm 处(此处轨距加宽 43 mm,50—9 号道岔为 15 mm,即 1 450 mm;轨距加宽 43 mm,50—12 号道岔为 10 mm,即 1 445 mm)。

第三处:尖轨中。在尖轨刨切终点处,即涂有轨距加宽的部位(此处轨距加宽 43 mm,50—9 号道岔为 9 mm,即 1 444 mm;轨距加宽 43,50—12 号道岔为 7 mm,即 1 442 mm)。此处不检查水平,检查完轨距应迅速将道尺拿起、记录,防止道岔在搬动时挤夹道尺,影响工作,损坏道尺。

第四处:尖轨跟曲股。在导曲股轨端 100 mm 范围内,不能在尖轨上。此处轨距加宽 4 mm,即 1 439 mm,水平在导曲外股处有 6 mm 的设计加高,应该考虑。

第五处:尖轨跟直股。在尖轨跟曲股对应处(此处轨距加宽 4 mm,即 1 439 mm),水平在直内股上有 6 mm 的设计加高,应该考虑。

第六处:导曲线部分直股前。在距尖轨跟端 1.5 m 处。

第七处:导曲线部分导曲线前。在尖轨跟端 3 m 处(此处轨距加宽 43 mm,50—9 号道岔为 15 mm,即 1 450 mm;轨距加宽 43 mm,50—12 号道岔为 10 mm,即 1 445 mm)。

第八处:导曲线部分导曲线中。其检查部位 43,50—9 号道岔在支距为"506"处的地方距其 100 mm 处;50—12 号道岔在距支距为 43 mm,"483"处过去 640 mm 的位置。此处轨距加宽 43 mm,50—9 号道岔为 15 mm,即 1 450 mm;轨距加宽 43 mm,50—12 号道岔为 10 mm,即 1 445 mm。

第九处:导曲线部分直股中。在第八处对应的位置。

第十处:导曲线部分直股后。在距导曲线终点为 4 m 的位置。

第十一处:导曲线部分导曲线后。距导曲线终点 4 m(此处轨距加宽 43 mm,50—9 号道岔为 15 mm, 即 1 450 mm;12 号道岔为 10 mm,即 1 445 mm)。

第十二处:叉心前直股。在辙叉趾端 100 mm 范围内。

第十三处:叉心中直股。在辙叉心宽 0~50 mm 范围内。先查轨距,后检查查照间隔和护背距离(即 91,48)。此处不检查水平,道尺游标应放在心轨一侧。

第十四处:叉心后直股。在距岔跟 100 mm 范围内。

第十五处:叉心后曲股。在第十四处对应位置。

第十六处:叉心中曲股。在辙岔心宽 0~50 mm 范围内(即第十三处对应处)。先检查轨距,后检查查照间隔和护背距离。此处不检查水平,游标应在叉心一侧。

第十七处:叉心前曲股。在第十二处对应的位置(即辙叉趾端 100 mm 内)。

检查完轨距水平后,检查道岔方正情况和尖轨是否相错。检查前端方正时,如有相错,直基本轨向岔前相错时记为"+"号,反之为"−"号,如相错大于 20 mm,应记录在轨向高低及其他或记事栏内。尖轨相错大于 10 mm 时,也应记录在记事栏内。

⑦检查支距。在规定的支距检查点上,用支距尺检查,将结果填写在检查记录簿导曲线支距栏中。如有超限,还应填写在检查记录簿补修栏内。

⑧检查道岔爬行。用方尺在基本轨前接头处检查两接头的相错量,用方尺在尖轨尖端或跟端检查尖轨的直角相错量,并填写在检查记录簿记事栏内。如有相错量超过 20 mm,还应填写在检查记录簿补修栏内。

⑨检查岔后连接曲线正矢。用 10 m 弦线和钢尺,在外股钢轨踏面下 16 mm 处,测量连接曲线正矢。

⑩检查道岔各主要部位尺寸,包括尖轨的动程和开程、尖轨尖及竖切部分的密贴情况、尖轨跟间隔铁尺寸、辙岔部位轮缘槽宽度、辙叉前后开口尺寸等,并由此分析轨距、方向超限原因。

2)质量标准

①检查项目和部位必须完整,无遗漏,检查位置必须准确,要将超限处所查出来,记录准确无误。

②检查数据结果正确。

③检查顺序规范合理,部位齐全。

④对超限处所的范围判定正确。

⑤能及时发现危及行车安全的危险处所,并记录清楚。

3)注意事项

①注意工器具不磕碰手脚。

②有来车时应按有关规定下道避车。邻线来车时应停止工作,加强瞭望。

③检查转辙部位时,要防止尖轨突然扳动、挤伤手脚和道尺。

3.7.7 道岔改道作业

1)作业方法和步骤

检查确定工作量:

①以直股的外股、导曲线上股为标准股,在道岔范围内全面检查轨距、支距、辙叉位置、曲股及岔后渡线方向。

②若转辙部分的轨距状态不良,应查明原因。需要改动时,必须由电务部门进行配合。

③检查钢轨和接头状态,如钢轨是否有肥边、硬弯,接头是否错牙等。

④检查各部轮缘槽宽度是否符合规定,动程、开程、框架尺寸是否符合规定,尖轨与基本轨是否密贴。

⑤检查防爬设备。轨距杆和各部联结螺栓是否松动、失效。

⑥先改正直股标准股方向,如直股轨距好,两股同时存在单一方向,应先进行拨道。

⑦按标准检查直股轨距,划出改道撬,改好直股轨距。

⑧逐点检查导曲线支距,改正不良支距。

⑨检查和改正导曲线部分轨距和递减率。

⑩在改正查照间隔和护背距离偏差前,先把不合标准的护轨轮缘槽宽度调整好。

2)质量标准

①道岔轨距、支距各部分尺寸符合相关规定。

②目视线路,直股标准股方向顺直,导曲线、附带曲线圆顺。

③查照间隔不小于 1 391 mm,护背距离不大于 1 348 mm。

④扣件位置正确,与轨底缝隙不大于 1 mm,作用良好,扭力矩符合有关规定。

3)注意事项

①使用撬棍必须插牢,防止伤人。在有轨道电路区段,支距尺和撬棍一定要有绝缘装置。

②注意作业过程中不伤手脚,有来车时应按有关规定下道避车。邻线来车时应停止工作,加强瞭望。

3.7.8 混凝土枕线路改道

1)作业方法和步骤

①确定标准股与划撬。直线以方向好的一股为标准股,改正对面股;曲线以外股为标准股,改正里股。同时改正小方向,先改标准股,根据轨距变化率,在需要改动处划好撬,

并将实量轨距写在轨底,再改正对面股。

②卸扣件及整修螺杆。扣件螺杆歪斜、丝扣滑牙失效,要进行修整。螺杆歪斜可用长扳手的套管插入螺杆,缓缓用力扳正,滑牙、死牙要用套丝扳手再整理一遍。

③改正轨距和方向。使用轨距调整器调整到理想位置。有轨距杆的地段同时把轨距杆调整好。

④调整零配件。用调整挡板座号码的办法拨轨调整好钢轨位置。

⑤装扣件。

⑥紧扣件。如轨距由大改小,可先拧外侧轨枕螺栓,再拧内侧轨枕螺栓;反之,先内后外。

⑦回检。

2)质量标准

①改道后的轨距、轨距变化率不得大于该地段轨道几何尺寸允许偏差管理值的作业验收标准。

②胶垫、挡板座、扣板、弹条等部件安装位置要正确。扣板与轨底及轨枕挡肩离缝不大于 2 mm。

③改道必须兼顾小方向,由改道造成的方向不良要及时拨好。

3)注意事项

①按规定设置好防护。

②轨道电路地段,要戴绝缘手套、穿绝缘鞋,绝缘接头的扣板或铁座不能与中间扣板等混用。

3.7.9 线路轨缝调整

1)作业方法和步骤

①调查准备。

a. 轨缝不均匀,连续 3 个以上瞎缝,绝缘接头轨缝小于 6 mm 或者大于构造轨缝,个别接头错差,用不拆开接头的方法进行调整。

b. 线路发生爬行,接头错差超限,轨缝设置不当,每千米总误差 12.5 m 轨超过 160 mm,25 m 轨超过 80 mm,用拆开接头的方法整正。

②安排计划。计算每根钢轨串动量和串动方向,作分段作业安排,需要插入短轨时应准备钢轨。

③松开配件。打松防爬器,松开轨距杆,冒起道钉,松动扣件,拧松接头螺栓和松动夹板。

④串动钢轨。按计划串动钢轨,使用液压轨缝调整器,25 m 轨每次串动 1 根,12.5 m 轨每次串动不超过两根。

⑤紧固配件。拧紧接头螺栓,压打道钉和拧紧扣件螺栓,安装防爬器,上紧轨距杆。

⑥回检整修。

2)质量标准

①轨缝均匀,无瞎缝,无大轨缝。

②接头应相对,正线直线误差不超过 40 mm,曲线不超过 40 mm 加缩短量的一半,其他线直线不超过 60 mm,曲线不超过 60 mm 加缩短量的一半。相错式曲线接头相错量不少于 3 m。

③接头螺栓和中间扣件扭力矩应符合《铁路线路检修规程》的有关规定。

3)注意事项

①按规定设置好防护。

②作业轨温范围。12.5 m 钢轨地段,作业时不受轨温限制;25 m 钢轨地段,作业时轨温为(T_z − 30 ℃)~(T_z + 30 ℃)。

③预留轨缝计算。普通线路钢轨接头,应根据钢轨长度与钢轨温度预留轨缝。轨缝的标准尺寸按《铁路线路检修规程》轨道的计算方法计算。

3.7.10 整治钢轨错牙

1)作业方法和步骤

作业人员携带轨距尺、1 m 直钢尺、扳手、钢丝刷、毛刷、道钉锤、三角铁垫片、油料、螺栓、垫圈等。

①测量错牙接头及其前后的轨缝,以判断是否需要进行轨缝调整。

②检查钢轨接头错牙量。

③锁定钢轨。拧紧扣件,打紧防爬器。

④卸下接头两根轨枕扣件。

⑤卸下接头螺栓和夹板。

⑥对螺栓、夹板和钢轨涂油。

⑦根据接头错牙量的大小,选择适当厚度的垫圈,垫于夹板和钢轨之间,或垫于低错轨端的夹板与钢轨之间。

⑧安装夹板和接头螺栓,并拧紧接头螺栓。

⑨若接头错牙仍未完全消除,则应拆开接头,调整垫圈的厚度重新垫入。

⑩检查轨距、水平。若轨距、水平误差超限,应进行改道和捣固。

⑪安装接头两根轨枕的扣件,并拧紧。

2)质量标准

①接头上下、左右错牙不大于 1 mm。

②接头螺栓扭力矩、接头扣件螺栓扭力矩符合有关规定。

3)注意事项

①设置好防护,未设置好防护禁止作业。

②拆卸夹板应适当考虑轨温的影响,避免在轨温过高或过低时作业。

③拆卸螺栓时,严禁用手触摸螺栓孔。

复习题

1. 我国铁路标准钢轨按每米大致质量千克整数表示可以分为哪几种?

2. 钢轨联结零件的主要作用是什么？

3. 西安地铁一号线的道床形式有哪几种？

4. 曲线轨距加宽是怎样规定的？

5. 已知曲线半径为 400 m，超高为 125 mm，允许最大未被平衡超高采用 75 mm，求该曲线最高允许速度。

6. 简述普通单开道岔主要结构的组成及各组成部分的构造。

7. 什么是温度应力式无缝线路？

8. 简述安装和更换夹板时，上夹板和螺栓的顺序。

9. 曲线基本要素有哪些？

10. 混凝土枕使用要求有哪些？

项目4 中级工理论知识及实操技能

4.1 钢 轨

4.1.1 钢轨伤损标准

钢轨伤损分为轻伤、重伤和折断3类。

（1）钢轨轻伤标准

①钢轨头部磨耗超过表4.1所列限度之一者。

②轨头下颏透锈长度不超过30 mm。

③钢轨低头（包括轨端踏面压伤和磨耗在内）超过3 mm（用1 m直尺测量最低处矢度）。

④轨端或轨顶面剥落掉块，其长度超过15 mm，深度超过4 mm。

⑤钢轨顶面擦伤深度达到1~2 mm，波浪形磨耗谷深超过0.5 mm。

⑥钢轨探伤人员或养路工班长认为有伤损的钢轨。

表4.1 钢轨头部磨耗轻伤标准

钢轨 /(kg·m⁻¹)	总磨耗/mm		垂直磨耗/mm		侧面磨耗/mm	
	正线、试车线	车场线	正线、试车线	车场线	正线、试车线	车场线
60	16	18	9	10	14	16
60以下至50	14	16	8	9	12	14

注：①总磨耗 = 垂直磨耗 + 1/2 侧面磨耗。

②垂直磨耗在钢轨顶面宽1/3处（距标准工作边）测量。

③侧面磨耗在钢轨踏面（按标准断面）下16 mm处测量。

（2）钢轨重伤标准

①钢轨头部磨耗超过表4.2所列限度之一者。

②钢轨在任何部位有裂纹。

③轨头下颏透锈长度超过30 mm。

④轨端或轨顶面剥落掉块，其长度超过30 mm，深度超过8 mm。

⑤钢轨在任何部位变形（轨头扩大、轨腰扭曲或鼓包等），经判断确认内部有暗裂。

⑥钢轨锈蚀,除锈后轨底边缘处厚度不足 5 mm 或轨腰厚度不足 8 mm。

⑦钢轨顶面擦伤深度超过 2 mm。

⑧钢轨探伤人员或线路工班长认为有影响行车安全的其他缺陷(含黑核、白核)。

表 4.2　钢轨头部磨耗重伤标准

钢轨/(kg·m⁻¹)	垂直磨耗/mm	侧面磨耗/mm
60	11	19
60 以下至 50	10	17

(3)钢轨折断标准

钢轨折断是指发生下列情况之一者:

①钢轨全截面至少断成两部分。

②裂纹已经贯通整个轨头截面。

③裂纹已经贯通整个轨底截面。

④钢轨顶面上有长大于 50 mm,深大于 10 mm 的掉块。

4.1.2　钢轨防断

1)钢轨防断指导思想

钢轨防断必须贯彻"预防为主,全面防断"的指导思想。钢轨防断工作不仅局限于钢轨伤损的检查、监视、处理过程,还应把钢轨防断工作延伸到整个线路设备日常养护维修领域,延伸到钢轨全寿命质量控制过程。

2)钢轨防断工作体系

"全员、全过程、全方位、全天候"的钢轨防断管理标准化体系是以提高线路专业全体职工的整体素质为基础,建立一支思想好、纪律严、技术精的钢轨防断骨干队伍,把钢轨防断工作贯彻于养护维修、新轨焊接、新线验交、大修铺轨、钢轨焊修、伤轨检查、监视、处理等各个环节。强调依靠科技进步,开展科技攻关,把不断完善探伤设备、探伤工艺和强化科学管理有机地结合起来,不断提高伤轨的检测能力。在抓住正线、道岔、曲线、桥梁及铝热焊接头、绝缘接头、异型接头等设备防断重点的同时,不放过其他站线的钢轨防断工作。在突出寒冷季节防断的同时,其他季节也不松懈。逐步建立起良性工作循环,使钢轨防断工作始终处在整体受控状态。

(1)注重线路检修质量,改善钢轨受力条件

长期的线路检修生产实践经验证明,线路检修质量的好坏直接影响钢轨的使用寿命。质量良好、平顺的线路可以明显地改善钢轨的受力条件,可以推迟钢轨伤损的发生,减缓钢轨伤损发展。在线路养修工作中,线路专业特别应注重以下 5 个方面:

①线路维修要坚持钢轨接头打磨、道床轮筛、全起全捣"三大程序"。通过维修作业使道床的弹性得以改善,使线路从结构到轨面经常保持在均衡、良好状态。坚持大型机械维修作业和安排好钢轨打磨车的打磨工作,确保线路检修作业质量和消除引起钢轨受力严重不良的钢轨不平顺振动源。

②注重轨道结构的养护,控制枕木的失效。特别应加强接头养护,消灭轨端肥边。及时处理空吊板和翻浆冒泥,保持接头和扣件扭力矩,控制大轨缝。有缝线路应保持轨缝均匀,25 m 钢轨地段做到在(T_z – 30 ℃) ~ (T_z + 30 ℃)范围内无大轨缝。无缝线路地段应控制线路爬行。

③在日常养护工作中,应抓轨道几何状态控制、动静态检查、控制及信息反馈体系,及时消灭超限处所,确保轨面平顺。

④无缝线路地段,应做到准确掌握实际的锁定轨温,对实际锁定轨温过高的轨条和锁定轨温不明的轨条,应在冬季前完成应力放散,降低钢轨应力水平,最大限度地预防冬季焊缝及钢轨断裂。

⑤严禁在钢轨上用钢锯锯、剁子剁痕标示曲线正矢点、道岔矢距点等及钢轨非规定范围内钻眼等严重影响钢轨受力、导致钢轨断裂的有害作业。

(2)合理安排大修周期,提高轨道结构强度

按照钢轨防断系统管理的要求,合理、及时地进行线路大修,更换疲劳钢轨,根据运输强度的需求,恢复或提高钢轨强度性能是钢轨防断全过程中最根本的环节。它的工作重点有两个方面:一是合理安排大修周期;二是提高大修施工线路的质量。

①把握钢轨状态,合理安排大修周期。衡量钢轨疲劳、进行换轨大修的标准有两条:一是累计疲劳伤损平均达 2 根/km;二是累计通过总重达到《线路大修规则》规定的标准。工建车间各管理层应认真做好钢轨伤损的统计分析工作,掌握钢轨状态,合理提出线路大修的建议,合理安排线路大修计划。

②严格把好各工序的质量关,提高大修施工线路的质量。线路大修换轨是全过程防断的第一关,钢轨质量、焊接质量、施工质量的好坏将影响钢轨上道后的使用寿命。工厂焊接、胶结、整修等钢轨加工阶段应对原材料质量检验、加工工艺及工艺过程中的质量进行检验。线路大修施工阶段应对保证场焊接、钢轨(包括其他配件)的质量检验及线路大修施工的质量。

(3)加大探伤力度,增强伤轨检测能力

①完善作业标准,强化自我控制。

②加强仪器检修,确保探测质量。

③加大探伤力度,狠抓薄弱环节。

a. 以轨道结构、运输强度为依据制订各等级线路的探伤周期标准,并规定对疲劳钢轨(按大修标准)、新轨地段(铺设后 3 个月)增加检查遍数,缩短探伤周期的具体要求。应确保重点地段、重点处所的检查遍数。

b. 科学地查定探伤仪器和人员的配备标准。

c. 有计划地组织探伤仪器的更新。做到统一计划、统一机型、统一采购、统一管理。

d. 实施对重点地段探伤的三级控制。每年入冬前从工建车间根据管辖内钢轨状态研究、制订和落实局控重点地段和探伤检查方案,并逐级审核,明确到人,责任到位。重点保证伤损轨的检测。

在加强仪器探伤检查的同时,严格按规定做好对异型接头、绝缘接头、尖轨跟接头等薄弱处以及冷线钢轨锈蚀、长期压车仪器无法作业地段的轨道线路的手工检查;在入冬前对钢轨严重疲劳地段、大桥线路上的钢轨进行手工拆检;对钢轨疲劳地段的接头、道岔前

后引轨接头组织线路工班使用螺孔裂纹探测仪探伤。目前,已基本形成了"以钢轨探伤仪检查为主,手工检查为辅,螺孔探测仪拾遗补阙"的钢轨防断检查工作的"三道防线"。

④加强培训工作,提高人员素质。

(4)严格监控制度,正确、及时处理伤损钢轨

①重点监控是钢轨防断工作的重要环节。

a.薄弱区段的监控。

根据季节的特点,把每年的冬季定为钢轨的重点防断期。要认真分析管内钢轨技术状态,确定防断的重点薄弱监控区段和部位,提出防断目标,制订防断措施。要做到目标明确,措施落实。对重点区段采取必要的缩短探伤周期,增加探伤遍数,备用轨料到位,探伤人员调整等措施。在日常生产活动中,强调专业的钢轨探伤,要和线路工班的手工检查密切结合,特别是在重点防断期内,线路专业技术组对重点薄弱区段的钢轨伤损发展势态、探伤进度、备料储备等实行管理。

b.伤损钢轨的监控。

线路上发现钢轨伤损,应根据伤损程度分别用油漆标上轻伤(△)、轻伤有发展(△△)、重伤(△△△)符号,并在伤损处正确画上箭头便于处理。探伤人员应填写钢轨伤损通知给线路工班。

工班长和巡道人员应正确掌握管内钢轨伤损情况,并由工班长及时填写钢轨伤损登记表(簿)。

巡道人员对伤损焊接接头执行划号检查制,并使加固夹板的螺栓扭矩经常保持在规定范围内。线路工班应在每年1月15日以前对加固夹板和隧道内钢轨夹板完成一遍拆检工作。

探伤人员必须携带钢轨伤损登记表(簿)(伤损监控卡),对在上一个检查周期内未达到重伤的伤轨进行认真复查,并做好记录,严密监视伤损发展。对已上夹板加固的伤损焊缝也应认真进行复查,做好记录,尤其注意加固接头螺孔裂纹的检查。

②断轨和重伤钢轨的处理是防断工作的最后一个关键环节。

a.重伤钢轨和断轨的处理标准要求。

普通线路发生断轨或发现重伤钢轨时,必须立即组织更换,做到两个"不过夜",即换轨不过夜,向上级汇报换轨结果不过夜。在桥上或隧道内的轻伤钢轨,应及时更换。

无缝线路发生断轨或钢轨母材发现重伤时,必须立即组织处理,做到插入短轨临时处理或重新焊接永久处理不过夜;焊缝发现重伤时,做到钻眼上夹板紧急处理不过夜;处理结束后应做到向上级汇报处理不过夜。

无缝线路曲线内发现母材疲劳伤损或鱼鳞伤已达重伤时,除按上述规定处理外,应有计划地更换整个曲线钢轨。

b.重伤钢轨和断轨的处理方法及行车条件。

重伤钢轨和断轨的处理方法及行车条件按照《铁路线路修理规则》及《铁路线路安全规则》执行。

③除上述情况外,在下列情况下必须做到:

a.发生断轨,采用急救器紧急处理加固后,派人看守。

b.检查人员发现重伤钢轨已危及行车安全时,应立即设防护,派人看守,必要时应拦

停列车。

④下道后的重伤钢轨的处理。

更换下道后的重伤钢轨,必须在两端轨面上用钢剁打上明显的"△△△"符号,并集中堆放,按废轨处理。

4.2 钢轨联结零件伤损标准

1)接头夹板

接头夹板伤损达到下列标准,应及时更换:

①折断。

②中央裂纹(中间两螺栓孔范围内):正线及辅助线、试车线有裂纹;车辆段线平直及异型夹板超过 5 mm,双头及鱼尾型夹板超过 15 mm。

③其他部位裂纹发展到螺栓孔。

2)接头螺栓

接头螺栓应齐全,作用良好,缺损时应及时补充和更换。普通线路接头螺栓扭矩应达到表4.3的规定值,并应保持均匀。扭矩不足时,不得低于规定值100 N·m以上。

表4.3 普通线路接头螺栓扭矩标准

项目	单位	25 m 钢轨		12.5 m 钢轨
		最高、最低轨温差≤85 ℃		
钢轨	kg/m	60	50	50
螺栓等级	—	10.9	8.8	8.8
扭矩	N·m	500	400	400
C 值	mm	4	2	

注:①C值为接头阻力及道床阻力限制钢轨自由伸缩的数值。

②高强度绝缘接头螺栓扭矩不小于 700 N·m。

3)螺旋道钉

螺旋道钉达到下列伤损标准,应有计划地更换:

①铁垫板折断、变形、严重锈蚀或丧失固定立柱螺栓功能。

②道钉钉头脱落、严重锈蚀达 3 mm 及以上。

4)扣件

扣件应经常保持零件齐全,位置正确,作用良好,缺少时应及时补充。扣板、轨距挡板应靠近贴轨底边。弹条扣件的弹条中部前端下颏应靠贴轨距挡板或扭矩保持在 80～150 N·m。D I 型弹条或 III 型扣件后拱内侧距预埋件端部应不大于 10 mm,扣压力应保持在8～13.2 kN。

(1)扣件伤损达到下列标准,应有计划地修理或更换

①螺旋道钉折断,螺帽或螺杆丝扣损坏,严重锈蚀。

②垫圈损坏或作用不良。

③弹条、扣板(弹片)损坏或不能保持应有的扣压力。

④扣板、轨距挡板严重磨损,与轨底边离缝超过 2 mm。

⑤挡板座、铁座损坏或作用不良。

⑥橡胶垫板压溃或变形(橡胶垫板需要定期测试其性能,防止列车运营时的噪声与振动加大,缩短轮、轨的使用寿命)。

(2)洛德扣件

①所有扣件应完整无缺,紧密连接,不得松动或作用失效。

②扣件松开后重新紧固,各部件应完全落槽。

③轨底与扣件接触部位应清洁无污物(如残留的水泥等),无焊料堆积及沟槽等缺陷,从而保证钢轨能按设计要求在需要时纵向滑动。

④复合垫板上设计的空腔不应被水泥或其他杂物堵塞。橡胶与金属不应有剥离现象,橡胶裂纹深度不应超过 25 mm,长度不超过 75 mm。轨距调整垫块安装后垫块在空间 3 个方向上应与复合垫板保持平行。

4.3 轨枕及道床

4.3.1 轨枕伤损标准

1)混凝土轨枕(含混凝土短轨枕、混凝土岔枕)失效标准

①明显折断。

②纵向通裂。

a.挡肩顶角处缝宽大于 1.5 mm。

b.纵向水平裂缝基本贯通(缝宽大于 0.5 mm)。

c.横裂(或斜裂)接近环状裂纹(残余裂缝宽度超过 0.5 mm 或长度超过 2/3 枕高)。

d.挡肩破损,接近失去支承能力(破损长度超过挡肩长度的 1/2)。

e.严重掉块。

2)木枕(含木岔枕)失效标准

①腐朽失去承压能力,钉孔腐朽无处改孔,不能持钉。

②折断或拼接的接合部分离,不能保持轨距。

③机械磨损,经削平或除去腐朽木质后,其厚度不足 100 mm。

④劈裂或其他伤损,不能承压、持钉。

3)混凝土轨枕严重伤损标准

①横裂裂缝长度为枕高的 1/2 ~ 2/3。

②产生纵向裂纹。

③两螺栓孔间纵裂(挡肩顶角处缝宽不大于 1.5 mm)。

④纵向水平裂缝基本贯通(缝宽不大于 0.5 mm)。

⑤挡肩破损长度为挡肩长度的 1/3 ~ 1/2。

⑥严重网状龟裂和掉块。

⑦承轨槽压溃,深度超过 2 mm。

⑧钢筋(或钢丝)外露(钢筋未锈蚀,长度超过 100 mm)。

⑨斜裂长度为枕高的 1/2 ~ 2/3。

4.3.2　道床病害及整治

1)道床病害成因

(1)道砟材质不良

未采用优质道砟,道砟强度低,耐磨性和抗冲击性、抗压碎性能较差,而且磨损后呈粉末状,容易出现翻浆、板结等病害,对行车安全威胁极大。道砟在列车动载的反复作用下,颗粒间相互挤压、磨损、道砟棱角磨圆,丧失弹性。

(2)道砟级配原因

道砟的片状和针状颗粒会减小道床颗粒间的咬合力,从而减小道床的弹性和道床阻力。

(3)路基基床翻浆冒泥引发道床病害

路基基床翻浆冒泥发生在非渗水性或弱渗水性填料填筑的路基地段。

①路基基床密实度不足。在列车长期动载作用下,道砟颗粒嵌入基床形成道砟囊,致使地表水无法排出,形成翻浆、积水等路基基床病害。道砟囊分布比较复杂,其深度和范围随着时间的延长而不断加深和扩大。

②维修作业不当。在日常维修清筛道床作业中,将路基基面的平顺度破坏或将原有的路拱破坏,导致基床表面坑洼不平或反坡,路基表面排水不畅。

③外物脏污影响。刮风下雨将空气中的沙尘流入道床,会减小道床的渗水性和弹性,形成板结、翻浆等道床病害。

2)道床病害防治

(1)改善道床质量

①坚持正线道砟使用一级花岗岩或石英岩道砟,严格控制片状和针状颗粒含量,最大限度地降低含污量,使道砟的材质和级配符合标准。

②适时安排中修,清筛不洁道床。

③结合维修,对边坡污染严重区段进行边坡清筛,改善道床的渗水性,预防积水、翻浆病害的发生。

(2)整治基床病害,恢复基床的密实度和排水顺畅

①对基床病害的现状进行调查、分析,采取相应措施进行整治。

②对基床填料不良或基床密实度不足引起的翻浆病害应采取基床土换填,改善基床填料的土质条件,彻底恢复路拱,设足横向排水坡,确保基面排水顺畅,有条件时可用氯丁橡胶、橡胶排水板、土工布等新型材料封闭路基面,隔绝地表水对路基面的浸泡,避免因基床土含水量大而导致路基基床承载力不足引发的基床病害。

③对因路拱破坏而引起的基床排水不畅、翻浆、积水等病害,应采取在路基一侧或两

侧设横向的渗沟,用卵石和粗砂做反滤层,在路堑地段还应加深侧沟,以保证横向渗沟流水能顺利排走。

④对道砟囊引起的道床病害应根据道砟囊的深度和路堤或路堑等条件采取不同措施。

⑤对道砟囊较浅的路堤地段或侧沟有条件加深的路堑地段,应采取设横向渗沟的办法,此方法对行车干扰小、成本低、难度小,便于实施。

(3)加强标准化作业,避免在线路中修和维修作业中对原有路基的破坏

在线路中修,尤其是在人工清筛中,一定要避免对原有路拱造成破坏。在维修作业边坡清筛和整理道床作业时,要注意保持路基面的平顺,确保路基面不积水,排水顺畅。

(4)综合整治接头病害,避免引发道床病害,形成恶性循环

对伤损钢轨接头、地界头进行焊补打磨,严重的进行更换。采用高弹性的胶垫,对失效轨枕进行更换。对坍砟接头、翻浆进行清筛及路基综合治理措施,保持接头线路的平顺和轨枕、道床状态良好。

(5)改善外部条件,减小对道床的污染

建设绿色长廊,减小沙尘污梁;定期清洗隧道,保持隧道主体的干净卫生,防止混凝土脱落粉末污染碎石道床。

4.4 曲线拨道

在铁路维修工作汇总中最常用的曲线整正的方法是绳正法。它利用曲线上的正矢与曲率之间的关系,改正正矢,使之恢复原有的设计曲率,并通过相应的拨量,把它拨正到原来的设计位置,使曲线方向圆顺。

4.4.1 曲线整正基本原理及要求

1)两个假定
①假定曲线两端切线方向不变,即曲线始终点拨量为零。
②曲线上某一点拨道时,其相邻测点在长度上并不随之移动。

2)四个基本原理
①现场正矢的合计等于计划正矢的合计。
②曲线上任一点的拨动,对相邻点正矢的影响量为拨动点拨量的一半,其方向相反。
③曲线上各点正矢之和为一常数。
④曲线上各点正矢差之代数和为零,即曲线终点的拨量为零。

3)绳正法拨正曲线的基本要求
①曲线两端直线轨向不良,应事先拨正;两曲线间直线段较短时,可与两曲线同时拨正。
②在外股钢轨上用钢尺丈量,每10 m设置1个测点(曲线头尾是否在测点上不限)。

③在风力较小的条件下,拉绳测量每个测点的正矢,测量 3 次,取其平均值。

④按绳正法计算拨量,计算时不宜为减少拨量而大量调整计划正矢。

⑤设置拨道桩,按桩拨道。

4.4.2　曲线绳正法拨量计算

1)普通线路曲线拨量计算

曲线绳正法拨量计算的方法较多,以表 4.4 为例主要介绍梯形修正法。

例题 1:已知某曲线实测正矢、计划正矢见表 4.4,试完成表中拨量计算。

(1)计算正矢差

$$正矢差 = 实量正矢 - 计划正矢$$

当实量正矢大于计划正矢时,正矢差为"＋"号;当实量正矢小于计划正矢时,正矢差为"－"号。正矢差的"＋"号值和"－"号值分别加在一起,其数值必然相等,否则要复查和改正计算上的错误。

见表 4.4 计算结果,正矢差的正值与负值均为 34 mm。

(2)计算正矢差累计

计算正矢差累计可按表 4.4 箭头所示方向,用"斜加平写"的方法进行累计。在表 4.4 中,第 4 测点的正矢差累计 = 第 4 测点的正矢差(－ 5) + 第 3 测点的正矢差累计(－ 1) = － 6。

每个测点的差累计数算出来后,对其正号值与负号值分别累加比较。如数值相等,则不必修正,即可进行半拨量计算;如数值不相等,说明曲线始点或终点将发生拨量,应进行修正。

(3)修正正矢差累计

用梯形修正法在一些测点上,加一些与正矢差累计合计的负号相反、总的数值相同的修正量。在本例中需要加正数,总的修正量为 2,即在测点 4、5 上各设修正量为 +1,其合计为 +2,与正矢差累计合计数相同、符号相反,这样就可以消去 － 2,保证了曲线头尾位置不变的要求。

如果需要消去的差累计合计数值较大,可在多个测点上修正。为了保证曲线的圆顺性,相邻测点修正量应排列成梯形的渐变形式,渐变量为 1 mm,一般不要超过 2 mm,并且在相邻测点上修正量由增加转变为减少时,至少有两个相邻测点上的修正量相同,确保曲线圆顺。

(4)计算半拨量

半拨量可按表 4.4 中箭头所指的方向用"平加下写"的方法进行计算。

$$半拨量 = 前点正矢差累计 + 前点修正量 + 前点半拨量$$

在表 4.4 中,第 5 测点的半拨量 = 第 4 测点的差累计 + 第 4 测点修正量 + 第 4 测点半拨量 = － 6 + 1 － 4 = － 9。

在表 4.4 计算结果中,第一个测点和最后一个测点的半拨量均等于零,符合始、重点半拨量等于零的要求。

如果半拨量很大,要求把它减少到许可程度,也可用梯形修正法。曲线的上半部半拨量"－"号值大,曲线轨道往下压得多,可先用正号梯形来修正,在下半部用负号梯形来修正;反之,如曲线上半部半拨量"＋"号值大,曲线轨道往上挑得多,可先用负号梯形来修正,在下半部用正号梯形来修正。但修正量的合计与正矢差累计的合计必须符号相反、绝对值相等。

（5）计算拨量

$$拨量 = 半拨量 \times 2$$

（6）计算拨后正矢

$$拨后正矢 = 实量正矢 + 拨量 - \frac{前点拨量 + 后点拨量}{2}$$

表 4.4 中,第 5 测点的拨后正矢 = 第 5 测点实量正矢 + 第 5 测点拨量 － $\frac{第 4 测点拨量 + 第 6 测点拨量}{2}$ ＝ 92 mm ＋ (－18) $\frac{-(-8 - 22)}{2}$ mm ＝ 89 mm。

通过计算,拨后正矢合计应与实量正矢合计、计划正矢合计相等。若干点拨后正矢与计划正矢比较的增减数,应和修正量的计算相吻合,否则应复查在计算中的错误。

对照拨后正矢与计划正矢值可知,在修正过程中,梯形修正法虽然没有考虑计划正矢,但实际上与调整计划正矢的原理是完全相同的,修正差累计实质上改变了计划正矢。

表 4.4　绳正法曲线拨道计算表　　　　　　　　　单位:mm

测点	实量正矢倒累计	实量正矢	计划正矢	正矢差	正矢差累计	修正量	半拨量	拨量	拨后正矢	记事
(1)	(2)	(3)	(4)	(5)	(6)	(7)	(8)	(9)	(10)	(11)
1	2 013	4	4	0	0		0	0	4	ZH
2	2 009	19	22	－3	－3		0	0	22	
3	1 990	47	45	+2	－1		－3	－6	45	－1
4	1 943	62	67	－5	－6	+1	－4	－8	66	
5	1 881	92	89	+3	－3	+1	－9	－18	89	
6	1 789	108	111	－3	－6		－11	－22	112	
7	1 681	146	134	+12	+6		－17	－34	134	
8	1 535	145	152	－7	－1		－11	－22	152	HY
9	1 390	158	156	+2	+1		－12	－24	156	
10	1 232	162	156	+6	+7		－11	－22	156	
11	1 070	152	156	－4	+3		－4	－8	156	
12	918	151	156	－5	－2		－1	－2	156	
13	767	158	156	+2	0		－3	－6	156	
14	609	150	151	－1	－1		－3	－6	151	YH
15	459	132	132	0	－1		－4	－8	132	
16	327	106	109	－3	－4		－5	－10	109	
17	221	92	87	+5	+1		－9	－18	87	
18	129	66	65	+1	+2		－8	－16	65	
19	63	43	42	+1	+3		－6	－12	42	
20	20	20	20	0	+3		－3	－6	20	
21	0	0	0	－3	0		0	0	3	HZ
Σ	22 046	2 013	2 013	+34 －34	+26 －28 －2	+2			2 013	

没有缓和曲线的圆曲线计算方法，与上例计算基本相同。

2）无缝线路曲线拨量计算

曲线拨道时，上挑曲线伸长，下压曲线缩短。普通线路曲线伸长或缩短，一般是通过曲线钢轨轨缝的变化来实现的。无缝线路曲线在一般情况下，曲线全长范围内可能遇到一处钢轨接头或遇不到钢轨接头，没有轨缝调节伸缩，为了避免钢轨内部应力变化，拨道时必须保持整个曲线的正负拨量相等。

在无缝线路上，测量曲线正矢时的轨温和拨道时轨温要尽量相同，一般以不超过 ±5 ℃ 为宜，最好在锁定轨温时测量正矢和进行拨道。如果拨量的正数负数相差太大，不易调整时，应结合应力放散一道进行整正。

例题 2：在无缝线路上，有一曲线正矢见表 4.5 中第（2）栏，缓和曲线长为 60 m，曲线半径为 400 m，计算曲线的拨量。

解：在表 4.5 中有以下情况：

①第（1）栏至第（6）栏的计算方法与前面所讲的内容相同。

根据实量正矢，求得 172 mm；根据原设计的曲线半径 $R = 400$ m，求得 125 mm。考虑曲线现有形状，在计算中将圆曲线的计划正矢采用 127 mm。

通过计算，全曲线的计划正矢比实测正矢多 3 mm，要进行调整。因圆曲线内上半部分的实测正矢大于下半部分，即上半部分的实测正矢要往下半部分赶，故计划正矢多出 3 mm，在圆曲线的下端测点 20～22 三点各减少 1 mm［表中第（4）栏测点 20～22 三点的计划正矢已作调整］。

②第（7）栏差累计修正数要集中在曲线的一端或上下端来修正，以避免干扰曲线中部拨距的调整。本例因差累计的合数很小，故只在曲线的下端修正即可，但为了避免在一端排列"0，−1，0"或"+1，+1，0，−1，−1"之类的数列，也可在上下两端修正。

③第（8）栏至第（10）栏的计算方法与前面所讲的内容相同。

④第（11）栏拨距的调整，除要求抵消第（10）栏修正后拨距的合计数外，还要设法尽量减少各点的拨距，有利于拨道工作。在设计本栏各梯形数列时，尤其要注意本栏的计划正矢修正值不得与第（7）栏中的计划正矢修正值和记事栏中的正矢调整量同号重复叠加。如果是异号互相抵消，当然更好。同理，在每一个数列之后，要随即将该数列所产生的计划正矢修正量填上，这样才能保证拨后曲线的圆顺。

⑤第（12）、（13）两栏的计算方法与前面所讲的内容相同。

普通线路上曲线拨道计算，同样可用调整拨距法进行。由于计算程序比较复杂，因此一般不采用该方法。

表 4.5　无缝线路曲线拨道计算表

测点点	实量正矢倒累计/mm	实量正矢/mm	计划正矢/mm	正矢差	正矢差累计	差累计修正	修正后半累计	修正后半拨距	修正后拨距	拨道调整数 数列1	数列2	数列3	计划正矢修正量	数列合计	调整后拨距/mm	修正计划正矢/mm
(1)	(2)	(3)	(4)	(5)	(6)	(7)	(8)	(9)	(10)			(11)			(12)	(13)
1	2 681	0	0	0	0		0	0	0						0	0
2	2 681	7	7	0	0	+1	+1	0	0						0	6
3	2 674	24	26	−2	−2	+1	−1	+1	+2				−1		+2	25
4	2 650	50	47	+3	+1		+1	0	0		+2			+2	+2	48
5	2 600	67	69	−2	−1		−1	+1	+2		+4			+4	+6	69
6	2 533	88	90	−2	−3		−3	0	0		+6			+6	+6	90
7	2 445	110	111	−1	−4		−4	−3	−6		+8		−0.5	+8	+2	110.5
8	2 335	130	126	+4	0		0	−7	−14	+10		+1	+0.5	+11	−3	126.5
9	2 205	129	127	+2	+2		+2	−7	−14	+12		+1	+1	+13	−1	128
10	2 076	127	127	0	+2		+2	−5	−10	+12		+1	+1	+13	+3	128
11	1 949	125	127	−2	0		0	−3	−6	+10		+1	+1	+11	+5	128
12	1 824	129	127	+2	+2		+2	−3	−6	−2	+8	+1		+7	+1	127
13	1 695	127	127	0	+2		+2	−1	−2	−4	+6	+1	+0.5	+3	+1	127.5
14	1 568	127	127	0	+2		+2	+1	+2	−6	+4		−0.5	−2	0	126.5
15	1 441	129	127	+2	+4		+4	+3	+6	−8	+2			−6	0	127
16	1 312	125	127	−2	+2		+2	+7	+14	−10			−1	−10	+4	126
17	1 187	126	127	−1	+1		+1	+9	+18	−12			−1	−12	+6	126

18	1 061	124	127	−3	−2		−2	+10	+20	−12		−1	−12	+8	126
19	937	121	127	−6	−8		−8	+8	+16	−10		−1	−10	+6	126
20	816	132	126	+6	−2		−2	0	0	−8	+2		−6	−6	126
21	684	124	126	−2	−4		−4	−2	−4	−6	+4		−2	−6	126
22	560	130	126	+4	0		0	−6	−12	−4	+6	+1	+2	−10	127
23	430	119	121	−2	−2		−2	−6	−12	−2	+6		+4	−8	121
24	311	106	103	+3	+1		+1	−8	−16		+6	+1	+6	−10	104
25	205	85	82	+3	+4		+4	−7	−14		+6	+1	+6	−8	83
26	120	60	61	−1	+3	−1	+2	−3	−6		+4		+4	−2	62
27	60	40	40	0	+3	−1	+2	−1	−2		+2		+2	−0	40
28	20	16	19	−3	0	−1	+1	+1	+2			−1	+2	+2	18
29	4	4	4	0	0		0	0	0					0	3
Σ	41 064	2 681	2 681	+29 / −29	+29 / −28 / +1	+2 / −3 / −1	+28 / −28	+41 / −62 / −21	+82 / −124 / −42	−84	+84 / −36 / 120	+6	+7 / −7	+102 / −60 / +42	+54 / −54	2 681

4.5 导曲线支距及附带曲线

4.5.1 导曲线支距

道岔导曲线支距是指道岔直股钢轨工作边按垂直方向量到导曲线上股工作边之间的距离。支距点以导曲线起点在直股工作边的投影点开始，按 2 m 横距设一个支距点进行排列。设置道岔导曲线和检查导曲线圆顺时，是以直股基本股为基准方向，用支距法来进行的。支距计算方法很多，比例近似法就是常用的简易计算方法之一。

如图 4.1 所示，从导曲线起点 O' 对应的直股 O 开始，沿直股每 2 m 定一个测点，编号分别为 $1,2,3,\cdots,n-1,n$。n 点和导曲线终点 n' 相对应，n 点到 $n-1$ 点的距离小于 2 m，是个余数。设相应各点的支距分别为 $y_0,y_1,y_2,\ldots,y_n$。从 O' 点作直股的平行线 $O'a$，再沿尖轨方向作该轨的延长线 $O'b$，则 $O'b$ 为导曲线始点 O' 的切线。

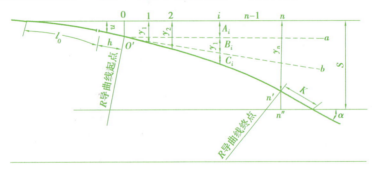

图 4.1 道岔导曲线支距示意图

$$y_i = A_i + B_i + C_i$$

显然

$$A_i = O'O = u \times \frac{l_0 + h}{l_0} = A_1$$

B_i 是按直线比例变化的变值，即

$$B_i = \frac{u}{l_0} \times 2\,000 \times i = B_i\,i$$

C_i 则按平方比例变化，即

$$C_i = \frac{2\,000^2}{2R_{外}}i^2 = C_i i^2$$

导曲线终点 n 点额支距为

$$y_n = S - n'n'' = S - K\sin\partial \approx S - \frac{K}{N}(\partial\text{ 很小时})$$

式中　l_0——尖轨长度；

i——测量支距处的点号；

h——尖轨后直线段长；

u——尖轨跟距；

K——导曲线终端直线段长；

S——轨距 1 435 mm。

例题 3：标准 12 号道岔，$l_0 = 7\ 700$ mm，$h = 0$，$u = 144$ mm，$S = 1\ 435$ mm，$R_{外} = 330\ 717.5$ mm，$K = 2\ 486$ mm，试计算各点支距。

解：根据图 4.1，各支距计算结果见表 4.6。

表 4.6　导曲线支距计算表　　　　　　　　单位：mm

点　号	$A_i = A_1$	$B_i = B_1 \times i$	$C_i = C_1 \times i^2$	$y_i = A_i + B_i + C_i$
(1)	(2)	(3)	(4)	(5)
0	144	0	0	144
1	144	37	6	187
2	144	75	24	243
3	144	112	55	311
4	144	150	97	391
5	144	187	152	483
6	144	224	218	586
7	144	262	297	703
8	144	299	388	831
9	144	337	491	972
10	144	374	606	1 124
终点 n				1 228

导曲线支距按表 4.6 在导曲轨与基本轨工作边之间测量。

导曲线可根据需要设置 6 mm 的超高，并在导曲线范围内按不大于 2‰顺坡。

4.5.2　附带曲线

1）附带曲线支距

当道岔后的两股轨道平行且两平行股道的直线间距不大于 5.2 m 时，道岔后的连接曲线称为道岔的附带曲线。两平行股道的直线间距大于 5.2 m 时，道岔后的连接曲线不算附带曲线。

道岔后附带曲线距轨道较近，与道岔的导向线形成两个相反的曲线。附带曲线方向、位置正确与否，直接影响行车的平稳和安全，并对巩固道岔的质量也有密切的关系。必须重视道岔后附带曲线的养护和维修，并与道岔的养护和维修一起进行。

附带曲线支距是指直股线路里股钢轨工作边到附带曲线外股工作边的垂直距离。

对一些没有定型图可查的道岔附带曲线,应另行计算。

表 4.7 为我国定型的 9 号道岔线间距为 5.0,5.1,5.2 m 时的附带曲线支距表。

表 4.7　常用单开道岔附带曲线支距表(9 号道岔)

曲线半径 R/m	自辙跟至起点横距 /mm	附带曲线各点支距/mm 自曲线始点算起的各点横距/mm										始终点横距 /mm	线间距 /m
		始点	5 m	10 m	15 m	20 m	25 m	30 m	35 m	40 m	终点		
50 kg/m,43 kg/m													
180	20 003	3 895	4 380	4 725	4 932						5 000	19 957	5.0
200	18 902	3 772	4 265	4 631	4 872	4 988					5 000	22 166	
250	16 150	3 467	3 971	4 375	4 679	4 882	4 986				5 000	27 687	
300	13 398	3 161	3 674	4 103	4 448	4 710	4 888	4 983			5 000	33 209	
350	10 645	2 855	3 374	3 821	4 196	4 499	4 731	4891	4 980		5 000	38 731	
400	7 893	2 549	3 073	3 533	3 931	4 265	4 537	4 764	4 893	4 977	5 000	4 425	
180	20 903	3 995	4 480	4 825	5 032						5 000	19 957	5.1
200	19 802	3 872	4 365	4 731	4 972	5 088					5 000	22 166	
250	17 050	3 567	4 071	4 475	4 779	4 982	5 086				5 000	27 687	
300	14 298	3 261	3 774	4 203	4 548	4 810	4 988	5 083			5 000	33 209	
350	11 545	2 955	3 474	3 921	4 296	4 599	4 831	4 991	5 080		5 000	38 731	
400	8 793	2 649	3 173	3 633	4 031	4 365	4 637	4 846	4 993	5 077	5 000	44 252	
60 kg/m													
180	21 803	4 095	4 580	4 925	5 132						5 200	19 957	5.2
200	20 702	3 972	4 465	4 831	5 072	5 188					5 200	22 166	
250	17 950	3 667	4 171	4 575	4 879	5 082	5 186				5 200	27 687	
300	15 198	3 361	3 874	4 303	4 648	4 910	5 088	5 183			5 200	23 209	
350	12 445	3 055	3 574	4 021	4 396	4 699	4 931	5 091	5 180		5 200	38 731	
400	9 693	2 749	3 273	3 733	4 131	4 465	4 737	4 946	5 093	5 177	5 200	44 252	

2)附带曲线的正矢

附带曲线整正的计算方法有绳正法、一绳法及解析方程法等,这里只介绍绳正法。

绳正法整正附带曲线,对野外作业,计算、拨正及日常养护维修检查都很方便。

由于附带曲线一般都比较短,其测点间距为 5 m,进行整桩改造增加的拨量及拨道工作量都不会很大,因此,有条件时,附带曲线可进行整桩化改造,其计算方法简便,做法如下:

（1）附带曲线中央点位置

附带曲线中央点位置可计算为

$$Q_z = N + 1 - \frac{\sum\sum f}{\sum f} \tag{4.1}$$

式中　N——测点数；

　　　$\sum f$——现场正矢合计；

　　　$\sum\sum f$——现场正矢累计合计。

（2）确定附带曲线的全长

确定附带曲线的全长时，应满足附带曲线养护维修和行车要求的有关规定。如夹直线大于 6 m 时，附带曲线半径大于导曲线半径，但小于导曲线半径的 1.5 倍的规定（有时线间距大于 5.2 m，这种连接道岔与直线的曲线不属于附带曲线，其曲线半径可以超出导曲线半径的 1.5 倍）等。

此外，附带曲线设计全长的测点数应为整数。

（3）附带曲线的正矢 f_c

附带曲线的正矢可计算为

$$f_c = \frac{\sum f}{L_c} \tag{4.2}$$

式中　L_c——附带曲线全长桩数。

（4）计算各点设计正矢、拨量

设计正矢根据曲线正矢 f_c 的一半乘以桩位到相邻点距离的平方进行计算。拨量根据每个测点现场正矢减去设计正矢，然后进行差累计并且修正差累计，算出每个测点的半拨量，取它的 2 倍值便是该点的拨量。

（5）重新标记正矢各测点

拨正后，将设计的 ZY，YZ 桩位置标记在轨腹上，以 ZY 点位置为第一测点，重现标记正矢各测点，ZY，YZ 位置点标记正矢数的一半，相邻圆曲线标记圆曲线正矢，以便日常维修和检查。

如表 4.7 所列曲线为 9 号道岔后的附带曲线，0 测点距岔尾 2 m 处。

将有关数据代入式（4.1）得

$$Q_z = 8 + 1 - \frac{1\ 381}{258} = 3.65$$

（6）确定曲线长度

0 点距岔尾 2 m，为满足夹直线长度的要求，初步确定 1 点为曲线起点，则

$$\frac{L_c}{2} = Q_z - ZY = 3.65 - 1 = 2.65$$

$$L_c = 2.65 \times 2 = 5.3$$

为了使拨正后曲线整桩，L_c 取 5.0 m，代入式（4.2）得

$$f_c = \frac{\sum f}{L_c} = \frac{258}{5} = 51.6$$

对计算结果进行检算,若满足不了前面对附带曲线规定的要求和原则,则应重新分析和计算。

附带曲线半径 R 的检算:

$$R = \frac{12\,500}{f_c} = \frac{12\,500}{51.6} = 242$$

其计算结果大于 180 m,小于 270 m,满足大于导曲线半径,小于导曲线半径 1.5 倍的规定要求。

附带曲线始端与道岔尾夹直线长度的检算:

$$ZY = \frac{Q_z}{L_{\frac{c}{2}}} = 3.65 - 2.5 = 1.15$$

1.15 × 5 m = 5.75 m,且 0 点距岔尾为 2 m,5.75 m + 2.0 m = 7.75 m,满足大于 6 m 的要求。

验算结论:

$f_c = 51.6$ mm,$L_c = 5$,可行。

3)附带曲线养护维修规定

①为了保证列车安全、平稳和顺利地通过附带曲线,附带曲线半径不得小于连接道岔的导曲线半径,但也不宜大于导曲线半径的 1.5 倍,如果太大,道岔尾端与附带曲线的夹直线就太短,影响轨距与超高的递减和顺坡。其半径根据道砟号码大小及列车侧向通过速度的不同而不同,一般情况下,其尾数宜采用 10 的倍数。

②附带曲线为圆曲线,不设缓和曲线。附带曲线一般都较短,设置缓和曲线后,圆曲线部分的长度就不能满足小于 20 m 的规定。

③附带曲线可以设置超高,但超高值不应大于 15 mm,且向两端外的顺坡率不得大于 2‰。

④附带曲线轨距加宽标准与一般曲线相同,并由曲线两端向外按不大于 2‰递减。若受条件限制,如道岔后两平行股道线间距较小、直线较短时,可按不大于 3‰由曲线两端向外递减。

⑤正线道岔直向行车速度较高,道岔(直向)与曲线之间应有一定长度的直线过渡段,以减小行车时的振动和摇晃,其最小长度不得短于 20 m。站线道岔与曲线或道岔与其连接曲线之间的直线段长度,一般不得短于 7.5 m,在困难条件下或道岔后的两线间距较小时,不得短于 6 m。

⑥附带曲线应圆顺。一般用 10 m 弦量正矢,其连接正矢差,到发线应不超过 3 mm,在车场线不超过 4 mm。

为了保持附带曲线的圆顺,当正矢不符合规定要求时,必须及时进行整正。整正附带曲线圆顺的方法比较多。当附带曲线较长、状态较好时可用绳正法整正。

4.6 无缝线路

4.6.1 无缝线路应力调整和应力放散

无缝线路的锁定轨温,应为长轨条处于无温度应力状态的轨温,通常将长轨条两端按正常就位的轨温平均值作为锁定轨温。无缝线路的锁定轨温必须正确、均匀,当无缝线路的实际锁定轨温与设计锁定轨温不符或原锁定轨温不明时,应进行应力调整和应力放散。

1)需进行应力调整和应力放散的几种情况

①实际锁定轨温不在设计锁定轨温范围内,左右两股长轨条相邻单元轨节的实际锁定轨温相差超过 5 ℃。

②锁定轨温不清楚或不确定。

③铺设或维修的作业方法不当,长轨条产生不正常的过量伸缩。

④固定区出现严重的不均匀位移。

⑤跨区间和全区间无缝线路的两相邻单元轨条的锁定轨温差超过 5 ℃,同一区间单元轨条的最低、最高锁定轨温相差超过 10 ℃。

⑥夏季线路方向严重不良,碎弯多。

⑦通过测试,发现应力严重不均匀。

⑧处理线路故障或施工需要,改变了原来的锁定轨温。

⑨低温铺设长轨条时,拉伸不到位或拉伸不均匀。

2)应力调整和应力放散的基本方法

无缝线路应力放散可采用滚筒配合撞轨放散和滚筒与拉伸器相结合放散两种方法。

①滚筒配合撞轨放散法。在接近设计锁定轨温的条件下,松开扣件和防爬器,长轨条下垫滚筒,配合以适当撞轨,使长轨条正常伸缩。

②滚筒与拉伸器相结合放散法。在轨温比较低的条件下,在采用滚筒放散的同时,用拉伸器拉伸。原锁定轨温不清楚或不准确时,必须在滚筒放散的基础上,通过计算后用拉伸器拉伸。

无缝线路应力调整(不改变长轨条长度),可在比较接近实际锁定轨温的条件下,采用滚筒调整和列车碾压调整两种方法。

①滚筒调整法。在调整地段松开扣件和防爬器,长轨条下垫滚筒。

②列车碾压调整法。在调整地段,适当松动扣件和防爬器,利用列车碾压。

无缝线路应力放散时,每隔 50～100 m 设置一个观测点,观测钢轨在放散时的位移量,及时排除影响放散的故障,力求放散均匀。如应力放散不均匀,则要根据具体情况,进行局部调整或重点放散。

无缝线路应力调整和应力放散符合设计规定后,按实际锁定轨温修改有关技术资料,修正位移观测桩标记。

4.6.2　无缝线路胀轨跑道

1）胀轨跑道的原理

从大量的室内模型轨道和现场实际轨道的稳定试验以及现场事故观测和分析，胀轨跑道的发展过程分为3个阶段，即持稳阶段、胀轨阶段和跑道阶段。胀轨跑道先从轨道的薄弱地段（即具有原始弯曲的不平顺）开始。持稳阶段，轨温升高，但轨道不变形。胀轨阶段，随着轨温的增加，温度压力也随之增加，此时轨道开始出现微小变形，此后，温度压力的增加与横向变形之间呈非线性关系。当温度应力达到临界值时，这时轨温稍有升高或稍有外部干扰时，轨道会发生臌曲，道砟抛出，轨枕裂损，钢轨发生较大变形，轨道受到严重破坏，此为跑道阶段。

2）胀轨跑道的原因

（1）锁定轨温偏低

铺设无缝线路时，某种原因未按设计锁定轨温铺设，会造成低温锁定；或在合龙口时，计划不周，钢轨长出一定值，采用撞轨办法合龙口，使钢轨在未锁定前就承受了预压应力，同样也相当于降低了锁定轨温。锁定轨温偏低，在高温时钢轨承受的温度压应力就会增大，线路易丧失稳定，造成胀轨跑道。

在冬季，若发现固定区钢轨折断，断缝处温度就会降为零，断缝两端钢轨收缩，形成缺口。此时焊接修复，高温时会在断缝复紧处出现较大的温度压应力，易使线路丧失稳定，发生胀轨跑道。爬行不均匀会使钢轨产生相对压缩变形而增加附加力，也相当于降低了锁定轨温，高温时该段钢轨温度压力增大，容易引起胀轨跑道。

（2）道床横向阻力降低

在维修时违章作业，如扒开道床过长、起道过高、连续松开扣件过多等，都会较大地降低道床的横向阻力，加大胀轨跑道的危险性。

线路设备不良，如道床断面尺寸不足，轨枕盒内石砟不饱满、不密实、不清洁，尤其是轨枕头外漏，都将严重削弱道床横向阻力，造成胀轨跑道。

（3）轨道原始弯曲变形增大

长钢轨在运输和铺设中，作业不当会引起原始弯曲变形，弯曲矢度越大，线路稳定性越低，轨道框架刚度也越低。实践证明，胀轨跑道多发生在轨道原始弯曲处。

3）胀轨跑道的防治和处理

①当线路连续出现碎弯并有胀轨迹象时，必须加强巡查或派专人监视，观测轨温和线路方向的变化。若碎弯继续扩大，应设置慢行信号防护，进行紧急处理。线路稳定后，恢复正常行车。

②作业中如出现轨向、高低不良，起道、拨道省力，枕端道砟离缝等胀轨迹象时，必须停止作业，并及时采取防胀措施。

无论作业中或作业后，发现线路轨向不良，用10 m弦测量两股钢轨的轨向偏差。当平均达到10 mm时，必须设置慢行信号防护，并采取夯拍道床、填满枕盒道砟和堆高砟肩等措施；当两股钢轨的轨向偏差平均值达到12 mm，在轨温不变的情况下，过车后线路弯曲变形突然扩大时，必须立即设置停车信号防护，及时通知车站，并采取钢轨降温等紧急措施,消除故障后放行列车。

③发现胀轨跑道时必须立即拦停列车。有条件时可采取浇水或喷洒液态二氧化碳等办法降低钢轨温度,整正线路,夯拍道床,按 5 km/h 行车速度放行列车。现场派人监视线路,并不间断地采取降温措施,待轨温降至接近原锁定轨温时,再恢复线路和正常行车速度。

无降温条件或降温无效时,应立即截断钢轨(普通线路应拆开钢轨接头)放散应力、整正线路、夯拍道床,首列放行列车速度不得超过 5 km/h,并派专人看守,整修线路,逐步提高行车速度。

无缝线路发生胀轨跑道时,应对胀轨跑道情况按规定内容做好登记。

4.7 实操技能

4.7.1 道岔起道作业

1)作业(操作)方法和步骤

(1)作业条件

①道岔起道作业,必须设驻站联络员和工地防护员防护。

②轨道电路区段,电务人员应到场配合,作业后,工电人员进行调试后才能撤离。

③允许速度不超过 120 km/h 区段,若一次起道量在 40 mm 以下,起道作业收工时,顺坡率不大于 2‰。

④起道地段应有足够的石砟。

(2)调查工作量及安排作业计划

①正线道岔必须做到抄平打桩起道。

②无条件时,应做到人工提前调查,将道岔及前后线路的各部分起道量标记在轨腰上。重点起道时,标好坑洼头尾位置及钢轨低接头、拱腰、空吊板等捣固标记。全面调查技术设备和接头状态,合理安排作业计划。

(3)基本作业

①准备。手工捣固时,根据起道量进行扒砟,压打道钉,拧紧扣件,起出影响捣固的防爬木撑。混凝土枕道岔禁止手工捣固,必须使用小型捣固机械进行捣固。

②指挥起道。全面起道时,按计划起道量结合看轨面进行,先起标准股。重点起道时,指挥起道机放置在指定位置,看道人员一般距起道机不少于 20 m,目视标准股钢轨外侧轨头下颏线,用手指挥起道。

③对水平。起标准股和对水平可多机同时起道,既有利于轨面平顺,又节省打塞人员对水平应力求对平。对特殊部位(如接头、叉心)通过车辆较频繁时,一般视具体情况,水平可作适当调整。

④捣固。捣固人员可根据施工负责人画出的重点捣固记号进行加强捣固,一般为接

头、杆件、叉心和空吊板等处。

2) 质量标准

捣固后的水平、高低、三角坑和枕木空吊板率应满足《线路检修规程》有关规定要求。

3) 注意事项

①作业中如有来车，非标准股水平必须对平，并提前按起道高度做好顺坡工作。

②电气化线路区段起道量较大时，要注意线路标高，必要时与供电车间联系，配合作业。

③轨道电路区段，作业时使用的金属机具、工具不得搭接相邻钢轨和跳线，以防止短路影响信号使用。

4.7.2 道岔拨道作业

1)作业(操作)方法和步骤

(1)调查工作量及安排作业计划

①测量调查。由专业测量人员使用经纬仪对道岔前后线路(包括曲线)进行中线测量，经计算将拨量标在道岔各对应点上。

②精细拨道。将道岔与预先埋设的道岔拨道桩距离拉出，与原先设定的数据进行对照，计算出需要的拨量。

③目测道岔大方向拨道。拨道负责人跨立在标准股上看道指挥。看大方向时，离拨道起终点 50～100 m 看轨面光带；看小方向时，离拨道点 25 m 左右看钢轨作用边向不动点目测穿直，确认拨道方向，估算拨量并做好标记。

根据上述某一种调查方法，安排作业计划，组织人员作业。

(2)基本作业

①准备。将调查处的拨道量在相应的位置，两个点距离较远时，中间加点，并做好拨量的顺坡计算，原则上每 5 m 设一个测点，以拨道桩或相邻钢轨为固定参照物，计算出拨道后的距离。

②扒砟。拨动量超过 10 mm 时，枕木头石砟要掏空或扒空，清除影响拨道的防爬设备等障碍物，压打道钉，拧紧扣件。

③粗拨。拨道负责人站立距离 80 m 左右，背向阳光，将拨道点与前后不动点的钢轨光带目视穿直，用手势指挥拨道。道岔拨道一般使用 3 台拨道器，前移方向一股均匀放置两台，另一股放在两台中间的相对处，呈品字形。拨道器操作手根据拨道负责人的指挥手势同时拨动钢轨，并安排人员丈量道岔拨量，放撬前先将离缝轨端的石砟夯实。

④回检细拨。与粗拨道程序相同，拨道负责人站立距离保持在 25 m 左右，目视钢轨作用边，找小弯拨直，并根据需要预留回弹量。

⑤捣固。拨量较大或拨后影响轨面及水平时，要进行轨面捣固作业。

⑥整平夯实。按要求整理夯拍道床，恢复防爬设备等。

2)质量标准

①目视大方向良好，与前后线路道岔群连接顺直，连接曲线无"鹅头"和"反弯"。

②拨后轨向、水平容偏差管理值应满足《线路检修规程》中作业验收的要求。

③道岔后有连接曲线时,拨道作业结合进行,作业后的有关几何尺寸应符合相关规定。

3)注意事项

①道岔拨道作业,必须设驻站联络员和工地防护员防护。

②轨道电路区段,通号人员应到场配合,作业后,工电人员进行调试后才能撤离。

③一次拨量超过 40 mm 时,应办理封锁施工手续,设置移动停车信号防护。

④拨动量较大时,应先考虑线间距和建筑限界。

⑤两股拨道器禁止放在同一孔拨道,放置拨道器的位置要避开铝热焊接头、绝缘接头、通号跳线和拉杆等部位。

⑥电气化线路区段一次拨量超过 30 mm,必须有供电车间配合。

4.7.3 更换钢轨作业

1)作业(操作)方法和步骤

(1)准备工作

①配轨。确定换轨范围,分别丈量左右股换轨长度,合理选用换入钢轨,确保钢轨无伤损、硬弯,钢轨断面尺寸和类型符合要求。

②设置轨缝。根据轨温和钢轨长度合理设置轨缝。

③放置新轨。将准备换入的钢轨运送到换轨地点。曲线地段按规定合理设置缩短轨。

(2)基本作业

①卸扣件。卸下中间扣件,卸掉与钢轨对应的接头扣件。

②拨出换下的钢轨。将换下的钢轨拨至轨道外侧,在混凝土枕地段,应将钢轨抬起至超过扣件螺栓高度再拨,避免碰伤扣件螺栓。拨出和拨入钢轨都是先起标准股,后起另一股。

③拨入新轨。将换入的新轨拨至应有位置,并控制预留轨缝,普通线路立即联结接头,上紧螺栓;无缝线路地段要注意预留焊缝,轨缝不符合要求时,可用液压匀缝器或拉伸器及时调整到位,加设轨缝片,先上紧一端扣件,固定好钢轨位置。

④安装扣件或焊接接头。钢轨到位后,先将其固定,再上好接头夹板或进行接头焊接。

⑤施工结束,如需慢行,应按慢行条件设置防护。依施工计划,在规定的时间内整修线路,使线路达到正常运行状态。

(3)整理和回收材料

①上齐接头和中间扣件。

②拨正方向,改正轨距。

③更换和修理失效零部件。

④回收旧料,清理场地。

⑤补充、刷新标志(如无缝线路长度、轨条编号、锁定轨温、起讫里程等),埋设位移观测桩。

2)质量标准

①换入的钢轨须确认无重伤,钢轨断面应一致,长度与计划尺寸相符。

②轨缝合理,接头错差量符合《线路检修规程》有关规定。

③接头错牙在正线上不超过1 mm,在车长线上不超过2 mm。焊缝接头在线路开通前进行测量,平顺度不大于0.3 mm。焊缝平顺度达到要求。

④扣件、零部件齐全、有效,扭力矩达标。

⑤轨距、方向、递减率符合《线路检修规程》规定。

⑥线路标志清晰、准确、完善。

3)注意事项

①施工封锁时一定要确认封锁命令和封锁起讫时间,按规定设置防护后方可施工。

②封锁前各项准备工作不能做过头。

③抬运钢轨时,要统一指挥、动作一致,注意不伤手脚。

④使用工具要注意前后、左右人员的安全。

⑤在轨道电路区段,使用工具、材料时要注意防止搭电短路,造成红光带。

4.7.4 更换道岔尖轨、基本轨、辙叉及护轨作业

当道岔尖轨、基本轨、辙叉及护轨伤损超过《线路检修规程》的规定,伤损无法修理时,应及时更换。

1)作业(操作)方法和步骤

(1)准备工作

①与通号(供电)人员联系,派员工配合施工。

②检查尖轨、基本轨、辙叉及护轨型号、长度、开向、弯折位置、矢度和刨切量。

③检查换入新钢轨件、辙叉各部位的眼孔位置和孔径是否符合要求。

④矫正硬弯,除锈涂油,打磨肥边。

⑤逐个拆卸有关联结螺栓、拉杆和道钉,涂油后重新安排复原,及时更换伤损螺栓。

(2)基本作业

①设置防护,办理封锁施工登记,确认施工时间和封锁命令,设置移动停车信号防护。

②拆卸接头、拉杆、横杆、轨撑等相关螺栓,卸下夹板。

③通号人员将尖轨摇离基本轨,拆掉钢轨连接线和跳线。

④起道钉,混凝土枕卸下扣件。

⑤拨出旧轨和辙叉。

⑥拨入新轨和辙叉。

⑦安装夹板,拧紧各部螺栓,打道钉或上扣件。

⑧调整各部间隔尺寸,几何尺寸无Ⅰ级偏差。

⑨配合通号人员和车站进行调试,确认其状态良好。

⑩撤出防护,同时驻站联络员办理销记手续,开通道岔。

(3)回检整理

①检查各部几何尺寸,复紧螺栓,压打道钉,按标准找细整修。

②按规定要求串开口销,捆扎和封口,恢复刷新相关标记。

③整理料具,清理场地。

2)质量标准

①尖轨无损坏、无拱腰、无扭曲,补强螺栓无缺少、无松动。

②钢轨件无伤损、无硬弯,尖轨和曲基本轨弯折位置正确,矢度尺寸符合要求。

③开程、动程、尖轨跟端轮缘槽符合技术要求。

④尖轨在使用状态下,竖切部分与基本轨作用边密贴。

⑤各部几何尺寸达标,联结零件齐全,作用良好,接头轨面和作用边错牙不超过1 mm。

3)注意事项

①施工封锁时一定要确认封锁命令和封锁起讫时间,按规定设置防护后方可施工。

②封锁前各项准备工作不能做过头。

③封锁前和开通后,在转辙部分,作业人员要注意防止尖轨扳动和扎伤手脚。

④抬运钢轨、辙叉时,要统一指挥、动作一致,注意不伤手脚。

⑤道岔施工、人员集中,使用工器具时要注意前后、左右人员安全。

⑥在轨道电路区段,安放工具、材料时要防止搭电短路,造成红光带。

4.7.5　识读道岔标准图

1)作业(操作)方法和步骤

①铺开道岔图纸,记住图号(有的图号分施工图号和设计图号),确认图纸的标题名称,型号、零配件标注的比例尺寸。

②读出道岔全长、中交位置、转辙角、前长、后长的起讫位置及相互关系。

③读出导曲线半径、导曲线起讫位置、个点支距、横距。

④读出道岔配轨情况及每根钢轨的长度。

⑤读出岔枕根数、长度和岔枕间距。

⑥读出各部间距。

⑦读出图中标注编号指的是什么零部件,并按编号查阅明细表,读出该零件及其数据。

⑧详细阅读设计说明、铺设指南及技术要求,了解道岔设计理念、构造性能和结构,掌握铺设指南中铺设、安装、调试中的顺序和方法,并熟悉技术要求,指导日常养护维修作业。

2)质量标准

①读图要细致,要仔细区分相似部件的间隔尺寸及尺寸标注的位置,防止读错尺寸或读反尺寸。

②左右开道岔为对称制造,读图时要注意自己所读的是左开还是右开。

③能应用图纸所列内容进行现场道岔组装、配轨及配置道岔主要零部件,能掌握图纸标明的技术尺寸并进行道岔检查和养护维修作业。

例题4:如图4.2所示为混凝土枕60 kg/m钢轨9号单开道岔铺设图,试读图。

解:根据图4.2可知。

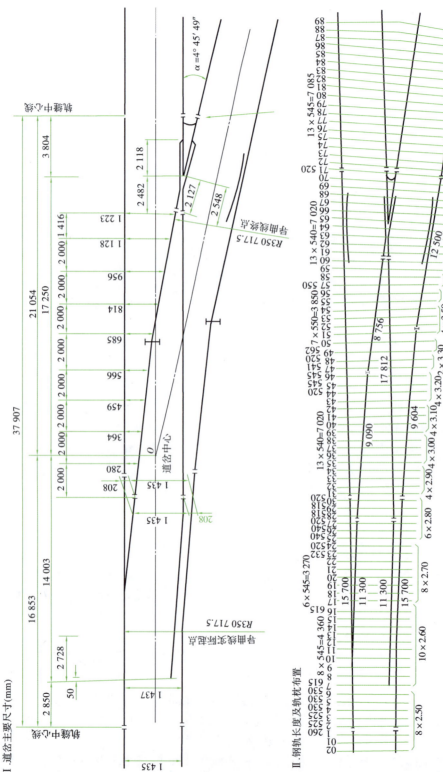

图4.2 9号单开道岔铺设图

注：1.图中钢轨电路的绝缘接头及普通接头分别以"工"及"十"表示；
　　2.导曲线安设轨撑的位置以"▽"表示；
　　3.钢轨轨缝除注明者外均为8 mm；
　　4.导曲线半径以外轨工作边设计。

①道岔中心:直向和曲向线路中心线交点。面对岔尖看曲股:右开道岔。

②看道岔具体尺寸。

道岔全长 37 907 mm;道岔前长 16 853 mm;道岔后长 21 054 mm。

道岔中心在图中标出。

③道岔中心到尖轨尖端为 14 003 mm;尖轨尖端至基本轨轨缝为 2 850 mm;岔中至辙叉理论尖端为 17 250 mm;理论尖端至岔后直向基本轨轨缝为 3 804 mm。

④图中 2 000 mm 为横距,最后点横距为 1 416 mm,合起来为 17 416 mm。各点支距分别为 208,280,364,459,566,685,814,956,1 128,1 223 mm。

导曲线始点和终点在图中标出。

导曲线半径为 350 717.5 mm。

⑤尖轨长 11 300 mm,基本轨长 15 700 mm。

外直股钢轨长为 22 191 mm;内直股钢轨长为 17 812 mm;曲上股长分别为 9 090,8 756 mm;曲下股钢轨长分别为 9 604,12 500 mm。

⑥轨枕组数为 26 组。每组前一个数字为根数,后一个数字为岔枕长度,如第一组共 8 根,每根长 2.5 m。岔枕上面的数字为岔枕间距,如尖轨尖端所在间距为 530 mm,往后一次是 615,545,…(8 根均为 545 mm,标 8×545)。

⑦道岔的辙叉角 $\alpha = 4°45'49''$。

⑧各部轨距:尖轨尖端轨距为 1 437 mm,其他地段轨距为 1 435 mm。

⑨图中其他符号参看图注。

4.7.6 整治普通接头钢轨病害

1)作业(操作)方法和步骤

普通接头钢轨病害的种类较多,钢轨接头错牙和轨端肥边是主要的两种病害。

(1)整治钢轨接头错牙

①检查错牙接头及其前后的轨缝,以判断是否需要进行轨缝调整。

②锁定钢轨,拧紧前后两节钢轨的扣件,打紧防爬设备。

③卸下接头两根轨枕扣件。

④卸下(松开)接头螺栓和夹板。

⑤对螺栓、夹板和钢轨涂油。

⑥根据接头错牙量的大小,选择适当厚度的三角铁垫片(长 420 mm 或 500 mm),然后在外错轨端外侧夹板与钢轨之间,或在内错轨端的夹板与钢轨之间垫入三角铁垫片(上下错牙同理)。

⑦安装夹板和接头螺栓,并拧紧接头螺栓。

⑧若接头错牙仍未完全消除,则应重新拆开接头,调整三角铁垫片厚度重新垫入。

⑨检查轨距、水平,消灭偏差。

⑩安装接头、两根轨枕和扣件,并拧紧。

(2)打磨钢轨肥边

①检查轨缝,若轨缝不足 10 mm,应适当调大轨缝,以利打磨。

②匀缝。松开接头、中间扣件和防爬设备,作匀缝处理。

③打磨机试运转。

④打磨。沿钢轨轨端肥边开始,接触要轻,用力要匀,适时调整进轮角度,往复运动,均匀打磨。

⑤观察打磨进度和打磨线条质量,直至轨端肥边被彻底磨掉,线条顺直。

⑥倒角。在轨端与轨面处磨成45°夹角,预防轨端肥边快速形成。

⑦调整轨缝。轨缝达到规定要求,兼顾前后轨缝使其均匀,复紧扣件,锁定钢轨。

2)质量标准

①正线轨面及内侧错牙不大于1 mm,其他站线不大于2 mm。

②作业处的轨距、水平和轨距变化率符合《线路检修规程》作业验收标准要求。消灭2 mm及以上的接头空吊板。

③接头和中间扣件扭力矩符合规定。

④轨端肥边打磨彻底,目视顺直,倒棱清晰。

3)注意事项

①拆开接头时,须办理临时封锁手续,在规定的时间内恢复线路。

②电源开关、插盒及导线要保持状态良好、牢固,配置触保器。

③使用砂轮机时操作人员要戴防护镜,穿绝缘鞋。

④经常检查砂轮片紧固度,适时更换过薄的砂轮片,以防击碎伤人。

⑤轨端肥边打磨适宜安排在气温较低时作业。打磨绝缘接头,必须执行相应的安全措施。

4.7.7　测量钢轨、辙叉磨耗

1)作业(操作)方法和步骤

①判别钢轨磨耗类型,选择相应的测量工具(直尺、卡尺、塞尺、楔形尺或钢轨磨耗测量仪及叉心磨耗测量仪)。

②选择钢轨磨耗最大处,垂直磨耗在钢轨顶面1/3处(距标准工作边)测量,侧面磨耗在钢轨踏面处(标准断面下16 mm)测量,波浪形磨耗在轨顶踏面上测量。

③高锰钢整铸辙叉垂直磨耗(不含翼轨加高部分)在辙叉新宽40 mm断面处测量。

④进行侧面磨耗测量,读取磨耗量值。

⑤测量波浪形磨耗,用1 m钢直尺放在钢轨顶面,在峰谷处加垫塞尺,读取波浪形磨耗值。

⑥根据实测量值,对照《线路检修规程》相关标准进行分析判别。

2)质量标准

①按规定位置测量,数据准确。垂直磨耗量值、侧面磨耗量值误差不超过1 mm,波浪形磨耗量值误差不大于0.1 mm。

②测量位置、项目与记录数据相符,数据分析处理无误。

③在曲线地段测量时,每25 m各测1处上下股垂直磨耗和侧面磨耗,波浪形磨耗测10处。

3)注意事项

①按规定穿戴和使用防护用品。

②人员行走注意脚下安全,严禁脚踏轨面及叉心。

4.7.8　钢轨钻孔机钻孔

1)作业(操作)方法和步骤

①检查钻孔机。机油、汽油、动力机温是否正常,各紧固件、钻头是否紧固。

②将定位架调整到与钢轨类型相匹配。

③发动机器,运转30 s,观察机械运转是否正常,冷却水水路是否畅通。

④用角尺、直钢尺在钢轨腹部中和轴上准确画出各螺栓孔位置(用定位架配合钻孔时应画出轨端位置)。线上夹板加固时,第一螺孔至轨端尺寸应加4 mm。

⑤钻孔机上架扶正、紧固。

⑥发动钻孔机,接通冷却水。

⑦钻孔。钻孔时应严格控制钻孔速度,待完全钻通后方可退出。关闭油门开关,怠速撤出,转移钻孔机另一螺孔,至最后一孔。

⑧停机,将钻孔机撤出。

⑨复查各螺栓孔位置。

⑩倒棱。用倒棱器对所钻螺孔逐孔倒棱。

⑪清扫铁屑。

2)质量标准

①螺栓孔孔径允许误差为0~1.0 mm。

②螺栓孔壁粗糙度 Ra 值为25 μm。

③螺栓位置(中心螺丝孔中心位置上下、接头螺栓孔至轨端距离、两相邻螺栓孔中心距离)允许误差为±1.0 mm。

④螺栓孔倒棱,倒角为0.8 mm×45°~1.5 mm×45°。

3)注意事项

①按规定穿戴和使用防护用品。

②线上钻孔时,应按规定设置防护。

③不得"带病"使用机械,线上作业发生故障时应及时停机下道检修。

④在线路上使用小型养路机械时,应由线路工班长担任施工负责人。各种小型养路机械的操作人员,必须经技术业务培训考试合格后方可上岗。

4.7.9　钢轨锯轨机锯轨

1)作业(操作)方法和步骤

①检查锯轨机。机油、汽油、动力机温是否正常,各紧固件、钻头是否紧固。

②发动机器,运转30 s,观察机械运转是否正常。

③在钢轨轨头顶面准确画出切割位置。

④轨道电路电气化区段线上锯轨前,应在被换轨两端轨节间纵向安设一条截面不小

于 70 mm² 的铜导线。导线两端用夹子牢固夹持在相邻的轨底上,该连接线在换轨作业完毕后方可拆除。

⑤锯轨机上轨,扶正并紧固。

⑥发动锯轨机。锯轨时,应严格控制锯轨速度,待全截面垂直锯断后方可退出。

⑦停机,将锯轨机撤出。

⑧复查锯轨位置。

⑨用砂轮机或锉刀将轨头、轨底"毛刺"清除,并对轨头切割端倒角。

⑩清扫铁屑。

2)质量标准

①截锯时必须切除轻、重伤部分,核伤钢轨不得截锯再用。

②用乙炔切割的再用轨,切口与锯口的距离不得少于 100 mm。

③原来由 25 m 轨焊接的长轨,可切割成 24 ~ 24.5 m 轨,中间不应有焊接接头。

④原来由不足 25 m 轨焊接的长轨或截除擦伤、裂纹、变形部分的长轨,可切割成 25 m 轨,保留一处焊接接头,但焊接接头离钢轨端部不少于 4.5 m。

⑤长轨切割成的钢轨,不得有铝热焊接头。

⑥切割长钢轨时,应尽量做到焊接接头在同一部分,相差不超过 ±50 mm。

⑦截锯再用轨允许误差。

a. 长度:12.5 m 以上钢轨为 ±10 mm;12.5 m 以下钢轨为 ±6 mm。

b. 钢轨端面的斜度(水平、垂直方向)不应大于 1.0 mm,轨头部分不应大于 0.5 mm。

3)注意事项

①按规定穿戴和使用防护用品。

②锯轨机周围不能站人,防止碎片伤人。

③线上切轨时,应按规定设置防护。

④不得"带病"使用机械,线上作业发生故障时应及时停机下道检修。

⑤在线路上使用小型养路机械时,应由线路工班长担任施工负责人。各种小型养路机械的操作人员,必须经技术业务培训考试合格后方可上岗。

复习题

1. 轻伤钢轨标准包括哪些内容?

2. 重伤钢轨标准包括哪些内容?

3. 钢轨折断标准是什么?

4. 什么是附带曲线?

5. 什么是导曲线支距?怎样量取?

6. 试述混凝土轨枕(含混凝土短轨枕、混凝土岔枕)的失效标准。

7. 测得某处钢轨头部的垂直磨耗为 7 mm,侧面磨耗为 10 mm,问其总磨耗是多少?

8. 道床病害的防治方法有哪些?

9. 胀轨跑道是什么原因造成的?

10. 试述曲线整正的基本原理。

项目5 高级工理论知识及实操技能

5.1 钢 轨

5.1.1 钢轨打磨

1)钢轨表面伤损形式及其危害

（1）钢轨表面伤损形式

在运营过程中，轮轨作用及钢轨材质、线路条件和人员操作等原因，在钢轨轮轨接触的表面或次表面产生接触疲劳裂纹、变形、剥离、磨耗和擦伤等伤损。

（2）钢轨纵向变形

①钢轨焊接接头不平顺是指钢轨焊接后焊缝处轨顶面金属的强度、硬度的差异及接头原始不平顺引起的过大的轨道附加动荷载所产生的磨耗、变形，如图5.1所示。

图5.1 钢轨焊接接头不平顺

②钢轨波浪形磨耗（周期性纵向变形），如图5.2所示。轮轨接触的黏滑现象是解释钢轨波浪形磨耗的典型理论。当轮轨接触时，产生黏着和滑动交替、往而复始的过程。在这个过程中表面摩擦力出现大小交替变化，磨耗量在这个过程中也不一样，出现了波浪形磨耗。

波浪形磨耗依波长长度分为波纹（波长30～80 mm）、短波波浪（波长80～300 mm）、长波波浪（波长300～1 000 mm）。波纹多发生于直线线路上，短波波浪常发生在铁路的曲线下股钢轨上，长波波浪通常是由线路上只有单一型号的车辆运行造成的。在现场，几种波浪往往同时出现在钢轨同一部位。

由钢轨轧制工艺问题造成的周期性纵向变形称为波浪弯曲，波长为3 000 mm左右。

（3）表面疲劳钢轨波浪形磨耗

根据著名的赫兹理论，当两个滑动体在高应力作用下发生接触时，接触体表面或次表面会产生极高的接触剪应力。这种接触剪应力是产生钢轨轮轨接触表面疲劳的原因。钢轨轮轨接触表面疲劳主要表现形式如下：

图 5.2　钢轨波浪形磨耗

①鱼鳞裂纹。如图 5.3 所示为鱼鳞裂纹的发生前期，它的发展结果会出现剥离（图5.4）或掉块（图5.5），剥离裂纹和剥离坑底部的残余裂纹有可能向深度方向疲劳扩展，导致形成轨头横向疲劳核伤而导致断轨。

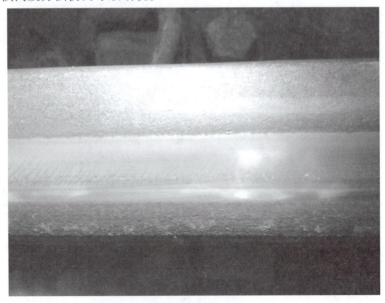

图 5.3　鱼鳞裂纹前期

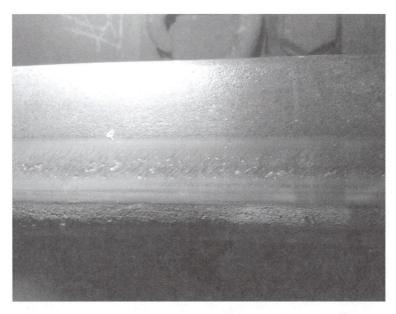

图 5.4　鱼鳞裂纹剥离

图 5.5　鱼鳞裂纹掉块

②轨头肥边,如图5.6所示,肥边处的细裂纹可扩展为横向裂纹而断轨。

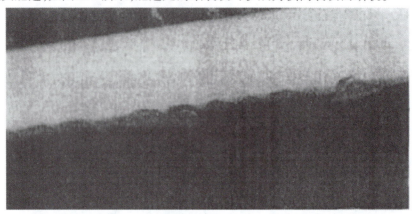

图5.6　轨头肥边

③塌陷(蠕变、黑色斑点),如图5.7所示为一种典型的接触疲劳的表现形式,发展结果是严重剥离掉块。

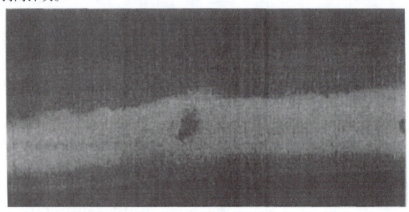

图5.7　塌陷

④擦伤。在长大坡道、信号机前后线路上,列车爬坡、制动、启动或司机操作不当,轮轨产生剧烈的滑动摩擦,使钢轨踏面表层产生淬火马氏体金相组织,马氏体金相组织高硬度低强度的机械性能决定了它在轮轨接触应力作用下的金属破碎,产生龟裂和剥离。剥离裂纹的尖端极有可能成为疲劳源,扩展成轨头核伤。

(4)钢轨表面伤损的危害

①动态过载。周期性的长波变形会产生低频高能量的振动,这种振动向下延伸到次级频率,会给轨道和车辆带来永久性的损坏。

②振动危害。钢轨周期性的变形会产生有规律的振动。这就存在着共振的危险。当振动频率与系统构件的固有频率相同时,就会发生共振。振动的振幅得到加强,释放出巨大的能量,铁路构件会因此而迅速损坏。

钢轨的振动还会导致构件承受过多的载荷,造成紧定螺栓断裂、枕木伤损、道砟过度粉化等,从而加大轨道部件的修理和道砟的消筛工作量。

③能量损耗。试验表明,钢轨周期性变形会明显增加机车的燃料消耗。研究表明,在0.8 mm深波纹的钢轨上,机车需要付出大于3倍的牵引力。对无波浪变形的轨面,可以减

少能耗到30%左右。

④噪声危害。线路纵向周期性变形的影响结果就是噪声,它可以使噪声升高 12 dB。路基的振动也能产生较高级别的噪声。极端情况下(如在砖砌的隧道中),振动能导致结构的损伤。

2)钢轨打磨的作用和作业手段

(1)钢轨打磨的作用

世界各国铁路轨道修理的理论和实践表明,钢轨打磨是整治钢轨表明伤损的有效措施。随着我国铁路提速达 200 ~ 250 km/h,达到和保持钢轨表面的高平顺性十分重要,钢轨打磨已引起我国铁路线路维修人员的高度重视,钢轨打磨的作用及其技术经济性被逐步认识。

①消除或减少钢轨表面的微细裂纹和塑性变形层,提高材料的抗疲劳性能。

②改善轮轨接触条件,从而减少轮轨接触应力,减少钢轨的接触疲劳伤损。

③通过优化轮轨接触表面,提高轮轨接触的几何性能,提高轮对的导向作用,减少列车运行时的轮缘力。

④提高钢轨表面平顺度,减少轮轨间附加动力,减少钢轨及联结零件的伤损率。

⑤减小轮轨噪声,有利于环境保护。

钢轨打磨改善了钢轨的技术性能,延长了钢轨的使用寿命,降低了轨道的维修成本。研究和实践还表明,实施新钢轨的预打磨和钢轨的预防性打磨,有着更好的技术经济效果。

对新钢轨进行有计划的预打磨,可以清除钢轨表面的脱碳层,矫正微小的钢轨轮廓形变,修复在钢轨铺设过程中所产生的轨道表面损坏,提高钢轨表面接触疲劳强度,并从一开始就保证车轮和钢轨的良好接触,可推迟初期钢轨接触疲劳的萌生。

等待钢轨接触疲劳伤损发展严重再进行打磨,意味着增加轨道维修的总费用。打磨间隔过于频繁,意味着要额外增加打磨费用。有关研究显示,在钢轨接触疲劳伤损产生的初期实施预防性打磨,即"少切削量和频繁打磨",其经济效益更为显著。

(2)钢轨打磨的作业手段

钢轨打磨作业分小型钢轨打磨机打磨和大型钢轨打磨列车打磨。

①小型钢轨打磨机打磨。小型钢轨打磨机是一种常见的小型养路作业机械,它的种类、型号很多,目前使用较普遍、性能较理想的是仿型打磨机。小型钢轨打磨机的特点是作业灵活、携带方便,其作业对象主要是零星的、非连续性钢轨不平顺和钢轨表面伤损,适用于钢轨接头、道岔基本轨、尖轨、心轨及翼轨肥边和不平顺的打磨。

小型钢轨打磨机打磨作业靠人工操作,作业质量的优劣基本依赖于操作人员的技能水平。一个一般技能水平的操作人员操作小型钢轨打磨机打磨钢轨焊缝接头,平顺性的作业质量基本可达到 0.2 ~ 0.3 mm。

②大型钢轨打磨列车打磨。大型钢轨打磨列车是一种具有先进技术装备的大型养路机械,其作业对象主要是连续性的钢轨不平顺和钢轨表面伤损,适用于钢轨波浪形磨耗、鱼鳞裂纹等的打磨。大型钢轨打磨列车所具备的波浪形磨耗及轨廓测量系统和打磨控制系统能保证较高的作业质量。

大型钢轨打磨列车作业控制原理:砂轮成对地和一个中心圆轴安装在一起,砂轮悬挂于两个转轴上:一个转轴允许这对砂轮纵向移动,移动可以被控制,以便在长波形上工作;另一个转轴是横向移动的,转轴和支架能被控制,使砂轮以不同的角度作用在钢轨上,以此得到一组打磨小平面围成的钢轨轮轨接触轮廓。

3)钢轨打磨标准

我国制订的钢轨打磨病害整治状态标准见表5.1,钢轨打磨作业验收标准见表5.2。

表5.1　钢轨打磨病害整治状态标准

钢轨打磨病害	$u_{max} > 120$ km/h	$u_{max} \leq 120$ km/h	测量方法
钢轨接头顶面或内侧错牙/mm	>1	>2	直尺测量
工作边或轨端肥边/mm	>1	>2	
擦伤或剥落掉块、钢轨低头	接近或达到轻伤	接近或达到轻伤	
硬弯/mm	>0.3	>0.5	1 m直尺测量矢度
焊缝凹陷/mm	>0.3	>0.5	
钢轨母材轨顶面凹陷或接头马鞍形磨耗/mm	>0.3	>0.5	
波浪形磨耗	达到轻伤	达到轻伤	

表5.2　钢轨打磨作业验收标准

钢轨顶面病害	精度要求	测量方法
工作肥边/mm	<0.3	1 m直尺测量
焊缝凹陷/mm	<0.3	1 m直尺测量矢度
钢轨母材轨顶面凹陷或马鞍形磨耗/mm	<0.3	
波浪形磨耗/mm	<0.2	
表面	无连续发蓝,相对光滑,直线地段光带居中(以60 kg/m钢轨为参考标准),光带位置在 $R300$ 区域 $+5° \sim -3°$	目视,板尺测量
轮廓	符合打磨前廓面个性设计要求	钢轨廓形测量仪或模板检测
打磨痕迹的最大平面宽度	$R13$ 区域 4 mm;$R80$ 区域 7 mm;$R300$ 区域 10 mm	板尺测量

5.1.2　钢轨接头病害

钢轨接头是线路的薄弱环节。机车车辆的轮对通过接头时,因其不平顺而产生剧烈振动,加速线路状态的变化,以致形成接头病害。接头病害产生之后,又进一步加剧机车车辆轮对对线路的破坏作用,互为因果,使病害发展变化加速。

为了延长设备使用寿命,我们必须对钢轨接头病害的产生因素有所了解。钢轨接头病害的发生,最根本的原因在于轨道接头存在轨道结构上的不连续和轨面的不平顺,这就导致轮轨之间产生较大的附加动力的作用。过大的附加动力作用又促使不连续性和不平顺性的发展和附加动力的增加,同时也促进了接头病害的发展。另外,养护方法不当也会促使接头病害的产生和发展。对接头的反复起捣、标准不高、形成的接头两端软硬不匀、轨缝过大、接头螺栓扭矩不足、接头高低、左右错牙,在列车轮对的冲击下,造成接头钢轨掉块、轨枕裂纹失效、夹板伤损增加。

钢轨接头病害的主要形式如下:

①钢轨端部的马鞍形磨耗。磨耗深度一般为 0.8 ~ 1.5 mm,长度一般为 200 ~ 300 mm。在铺设混凝土轨枕的地段比较明显,发展也较快。

②低接头。这种病害一般发生在捣固不良地段,尤其曲线下股比较多见。

③钢轨破损。轨顶面剥落、掉块和螺纹孔裂纹。这种病害多数发生在淬火分界和顶端,以曲线上股多见。

④混凝土轨枕损坏破裂,主要发生在轨下断面。

⑤道床板结、坍塌沉陷、翻浆冒泥,主要发生在铺设混凝土轨枕并有马鞍形磨耗的地段。

5.2 钢轨接头病害产生的原因和整治方法

5.2.1 钢轨接头病害产生的原因

①线路中修后,道床不稳定、变化快,在钢轨接头处尤为明显。如果养护跟不上,低扣接头的发生率将极大提高,进而造成轨头压溃、轧伤等病害。

②道床翻浆冒泥、板结,接头坍砟造成道床弹性减少,致使列车对接头处冲击力增加,随着时间的延长,容易产生低扣接头。

③轨缝大、接头螺栓松,列车通过时接头处形成折角,加大了列车对接头的冲击力。

④未及时清除轨端肥边,轨端肥边形成后经过列车车轮碾压形成轨端剥落掉块,无形中造成接头轨缝表面上看起来小,实际上已经有超大轨缝的存在,增加了列车车轮对钢轨接头的冲击,造成钢轨爬行,轨缝变大不均匀并使得钢轨接头螺栓松动,夹板松动,不仅造成接头综合病害也严重危及行车安全。

⑤钢轨和夹板的材质原因和零配件松动,引发道床厚度砟肩宽度不足和曲线超高不足、轨枕间距不正、轨缝不良等病害,如养护不及时使得列车进入曲线时产生离心力而形成接头支嘴,破坏线路方向,引起短距离轨距递变率超标,造成轨道不平顺,改变车轮的运行轨迹,增加车轮对轨道的冲击力和破坏(支嘴多出现在曲线上,尤其是小半径曲线,直线上也会出现)。

⑥钢轨作用边的肥边和左右错牙造成轨距不顺,改变列车车轮的运行轨迹,从而破坏

轨道的稳定性，是造成水平加速度病害的罪魁祸首之一。

⑦钢轨材质原因。个别钢轨可能在出厂时，由于种种原因，钢轨硬弯、接头淬火强度较其他标准钢轨低。在更换钢轨时两根钢轨垂直磨耗不均或养护不当，接头处水平垫垫得不均、捣固不均、接天进头空吊等造成钢轨高低错牙，使列车车轮对接头冲击破坏加大，造成接头空吊严重，钢轨高低水平不良。

⑧碎石道砟材质、级配不良。道床在列车荷载反复作用下，使碎石破损，造成道床板结，影响养护作业质量和捣固效果。

⑨接头枕木位置不正、不方，不能均衡地将列车荷载传递到道床、路基，致使同一接头左右股受力不均。

⑩曲线上超高设置不合理，列车的重力加剧曲线下股接头冲击，造成接头轨端低扣。

5.2.2 钢轨接头病害整治方法

①加强钢轨接头零部件及扣件的养护紧固，包括轨缝要始终保持合理的轨缝值；定期对高强螺栓进行检查和复紧，保持接头螺栓扭矩在 500 N·m 以上；夹板和接头螺栓涂油，以缓减列车的冲击破坏作用；如果爬行超过标准较大可以安排在春秋两季均匀轨缝并做好作业后钢轨接头及轨枕扣件的反复紧固作业。

②合理起道捣固作业。由于钢轨接头在列车反复冲击荷载作用下，接头处道床应力和振动加速度远远高于非接头部位，因此接头道床应有良好的捣固质量。接头起道应将轨面抬平然后进行八面捣固，切忌抬高接头形成鼓包。特别对低扣的绝缘接头，首先要对道床进行一遍清筛，更换和补充新的道砟，然后对接头夹板进行倒换，更换绝缘接头处（尤其是中间的两块槽行绝缘）新的失效的绝缘材料，紧好扣件接头螺栓，可以消灭绝缘接头的高低错牙，最后进行八面捣固。

③整治接头部位的道床。钢轨接头道床板结，不仅承载能力显著降低，而且线路刚度大为提高，减振、隔振性能降低，线路的残余变形及各种病害发展加剧。进行破底清筛，更换新的道砟。调整接头处所的道砟级配，对道砟进行精心选取，在接头处 5 孔范围内换成 20~40 mm 的小碎石，并加强八面捣固，使通过钢轨和枕木传递的列车荷载均匀通过道床分布到路基。

④整修轨面。轨端不均匀磨耗、掉块以及擦伤会使线路变形加剧，必须及时对接头轨面进行修理、打磨和焊补。巡检人员每天进行观察，看其是否达到标准以及时更换。

⑤改善轨下垫层弹性。轨下垫层经多年运营，橡胶垫板会逐步硬化，特别是接头部位的垫板在强大冲击力的作用下，弹性逐步减少，应及时更换接头区 4 根轨枕的垫板，以恢复轨道结构的良好弹性。

⑥清筛后的线路加强接头养护。

a. 要保持接头轨道几何状态良好。

b. 及时处理接头板结、坍砟、翻浆冒泥，提高道床弹性。对列车运行中的落灰、煤灰、灰砟及风力带入的沙土、尘埃和外界松散物质的侵入，要及时进行清筛。

c. 及时打磨马鞍形、低头接扣，焊补接头钢轨掉块，保持轨面的平顺。焊补后用 1 m 长直尺检查焊补部分，高低不超过 0.5 mm，经过打磨和研磨后轨面达到平整、光滑、均匀。

⑦处理钢轨错牙。

a.轨面高低错牙。一种方法为在钢轨两侧用两块错牙片垫在低钢轨端的夹板与钢轨下颚处,也可以在高一侧的钢轨两边轨底和夹板处垫错牙片进行整治;另一种方法为松开接头,敲松接头夹板垫水平垫,垫完后拧紧接头螺栓及扣件。如果高低错牙严重可以综合以上两种方法处理。

b.对左右错牙可以通过垫一块错牙片解决,也可以通过垫双层弹簧垫圈和其他垫圈解决。以上拧紧接头螺栓作业必须边紧边打夹板方能紧固好接头。

⑧钢轨肥边的处理。钢轨接头存在轨缝,而该处又是线路的薄弱处,列车车轮在该处的冲击大,在钢轨接头容易造成压溃使轨头变大,从而使作用边处容易出现一小段的钢轨肥边而其他的部位又没有,使得轨距变化率严重不顺,容易影响轨检车和动态添乘的成绩,也是人工感觉晃车的一个主要因素之一,应该及时用角向磨光机打磨或用剁子剁除。其他部位的肥边也应用打磨机及时打磨。

⑨保持接头枕木位置正确,轨枕间距一定要按照配置根数计算设置。如有歪斜应进行方正轨枕。

⑩根据支嘴程度,适当增加外股道床宽度,并分层次夯拍,增加道床阻力。调换支嘴处里外口夹板,利用夹板的反弯控制接头支嘴。同时,在拨道作业中,对支嘴接头只能压,不能挑。如必须上挑时,要用拨动小腰带动接头的方法,不要直接拨动接头,防止支嘴扩大。

5.3　曲线病害产生的原因和整治方法

5.3.1　曲线病害产生的原因

方向不良和钢轨严重磨耗是曲线的两种主要病害。

曲线方向不良多发生在曲线头尾处,曲线头尾向上股凸出,称为"鹅头"。产生"鹅头"的原因之一是养护方法不当。例如,用目视指挥拨道,习惯于上挑,从而破坏了曲线头尾的正确位置。使用拉绳简易计算拨道,由曲线中间向两端拨,也有可能产生"鹅头"。设置缓和曲线长度、超高及轨距加宽递减不合理,道床不足不实时,也容易产生"鹅头"。另外,列车由直线进入曲线或由曲线驶向直线时,列车对线路的冲击也是产生"鹅头"的一个原因。

曲线上造成钢轨磨耗的原因很多,除与曲线半径、钢轨材质、通过总重、机车类型有关外,还和养护质量有密切关系。如轨向不良,超高或轨底坡不当,轨距超限,线路上有三角坑、暗坑,空吊板,钢轨硬弯等都会加剧曲线钢轨的磨耗。

5.3.2　曲线病害整治方法

1)防治曲线"鹅头"的措施

①在测量正矢前,应拨直切线方向,压除"鹅头"。在实量正矢时,可向直线方向多量几点,直到正矢为零止。

②合理做好轨距加宽和超高递减。

③在曲线定期拨道时,一定要用绳正法计算拨量,在曲线全长范围内拨道。

④在临时补修拨正曲线时,不可从中间向两端拨道,防止将作业误差赶到曲线两端。

⑤在小半径曲线头尾,应保持有足够的道床厚度,并加强道床夯实。

2)防治曲线磨耗的方法

①合理设置超高。每年应定期测速,并根据曲线上股侧磨和曲线下股钢轨压溃情况及时调整曲线上股超高。

②整正轨底坡。目测检查钢轨顶面车轮轧出的光带是否在中心线上,偏里或偏外,都说明轨底坡不正常。在混凝土枕地段,可采用垫胶垫的方法进行修正来改变轨底坡。

③采取上股钢轨侧面涂油的方法是减轻钢轨磨耗的有效措施。可定期采用人工涂油、涂油小车涂油或在机车上安装涂油器的方法进行。涂油的周期应根据气候、油料、列车对数及列车运行速度来确定。应保证钢轨侧面经常有油。

④加强养护。经常保持轨向圆顺、轨面平顺、轨距不超限,及时打磨凸焊缝,有缝线路地段应及时整治接头病害,保持接头道床清洁饱满。对曲线上股侧磨严重的地段,应及时进行更换。

⑤定期观测钢轨磨耗情况,总结钢轨磨耗与曲线日常养护的关系,查找钢轨磨耗的原因,及时进行更换。

⑥在重载、大运量区段及小半径曲线上建议更换合金钢轨或全长淬火钢轨。

5.4　道岔常见病害及其预防整治

5.4.1　道岔方向不良

1)造成道岔方向不良的原因

①忽视对道岔的整体维修,造成道岔前后方向不顺。

②铺设位置不正确,随弯就弯。

③加重钢轨及其零件磨损,作业方法不合理,硬性凑合支距和轨距,造成各连接部不圆顺。

④曲基本轨弯折点位置不对,造成转辙器部分轨向不良。

⑤捣固不实,使线路出现坑洼。

⑥道砟不良,夯实不好,降低道床阻力。

⑦钢轨及其零件连接不好,导致方向不正等。

2)预防整治道岔方向不良的措施

①做好道岔前后50 m线路的整体维修,经常保持轨面平、方向顺。

②做好直股基本轨方向,拨好道岔位置。

③弯好曲基本轨弯折点,做好轨距加宽递减。

④检查确认基本轨既有弯折量,按照标准做好弯折段长度和矢量。

⑤加强捣固作业,除按规定捣固外,还应根据道岔构造的特点进行适当加强。

⑥补充夯实道床,道岔转辙部分设置转辙杆、连接杆,各枕木孔道砟应比岔枕顶面低20~30 mm,并夯实道床。

⑦加强各部分零件的养护维修,充分发挥各种扣件固定钢轨位置的作用。

5.4.2 转辙部分常见病害

1)尖轨与基本轨不密贴

(1)尖轨与基本轨不密贴产生的原因

①加工制造时50 mm范围内刨切长度不够。

②尖轨顶铁过长,补强板螺栓凸出。

③转辙机位置与尖轨动作拉杆位置不在一水平线上。

④基本轨弯折点有误。

⑤基本轨工作边及尖轨非工作边有肥边造成假密贴。

⑥基本轨横向移动。

⑦基本轨或尖轨本身有硬弯。

⑧基本轨、轨撑、滑床板挡肩之间存在"三道缝"。

⑨第一、二连接杆与尖轨耳铁连接的距离不合适。

(2)预防整治尖轨与基本轨不密贴的措施

①对刨切不足的尖轨进行刨切。

②打磨焊补或更换顶铁和补强板螺栓。

③调整转辙机及尖轨拉杆位置,使其在同一水平线上。

④拨正基本轨方向,矫正弯折点位置和矢度。

⑤打磨基本轨和尖轨的肥边。

⑥打靠道钉,消除假轨距。

⑦调直尖轨或基本轨,拨正方向,改好轨距。

⑧调整连接杆长度,改变尖轨耳铁的孔位或加入绝缘垫板,误差较大时,可更换耳铁或方钢。

⑨焊补或更换磨损挠曲不平的滑床台、轨撑、滑床板挡肩,或用螺旋道钉将轨撑、滑床板与枕木连接成一体,并用水平螺栓使轨撑与基本轨牢固地连接在一起,消灭"三道缝"。

2）尖轨跳动

（1）尖轨跳动产生的原因

①尖轨跟段轨缝过大，间隔铁和夹板磨耗，螺栓松动，过车时加大了冲击。

②跟部桥型垫板凸台压溃。

③捣固不实，有吊板。

④尖轨拱腰。

（2）预防整治尖轨跳动的措施

①焊补或更换间隔铁、夹板，更换磨耗的双头螺栓。

②增补整修跟部桥型垫板和防跳卡铁，进一步采取尖轨防跳措施，如在基本轨轨底增设尖轨防跳器，或将尖轨连接杆两端安设防跳补强板，使其长出部分卡在基本轨轨底，以防尖轨跳动。

③加强转辙部分枕下的捣固，尤其是加强接头及尖轨跟端的捣固。

④调直拱腰尖轨。

3）尖轨扎伤与侧面磨耗

（1）尖轨扎伤与侧面磨耗产生的原因

①尖轨与基本轨不密贴或假密贴。

②尖轨顶铁过短。

③基本轨垂直磨耗超限。

④尖轨前部顶面受车轮踏面和轮缘的轧、挤、碾作用。

（2）预防整治尖轨扎伤与侧面磨耗的措施

①防止尖轨跳动及确保尖轨竖切部分与基本轨之间的密贴。

②加长顶铁，使尖轨尖端不离缝。

③将垂直磨耗超限的基本轨及时更换。

④必要时安装防磨护轨，减少尖轨侧面磨耗。

4）尖轨扳动不灵活

（1）尖轨扳动不灵活产生的原因

①尖轨爬行，两股前后不一致。

②拉杆或连接杆位置不正确。

③尖轨跟端双头螺栓磨损或间隔铁夹板磨耗严重，螺栓上紧后影响扳动。

④基本轨有小弯。

⑤拉杆、连接杆、接头铁螺栓孔壁磨耗扩大，螺杆磨细。

（2）预防整治尖轨扳动不灵活的措施

①串动尖轨、基本轨使之处于正确的位置，将尖轨跟端螺栓放正，锁定爬行。

②调整拉杆或连接杆位置。

③焊补或更换磨损超限的双头螺栓、间隔铁和夹板。

④整正滑床板。

⑤保持尖轨跟端轨缝符合设计规定，不允许挤成瞎缝。

5.4.3　连接部分常见病害

1）导曲线轨距扩大

（1）导曲线轨距扩大的原因

列车通过导曲线时，离心力、横向推力以及车轮冲击钢轨，致使道钉浮离、配件松动、钢轨有小反弯。

（2）预防整治导曲线轨距扩大的措施

①在导曲线外侧设置轨撑，可隔一根枕木或连续设置。

②整治轨撑离缝消除假轨距。

③在导曲线外股接头处安装桥型垫板。

④更换腐朽岔枕。

⑤混凝土枕要消除扣件挡肩和轨底边离缝，使其达到足够的扭力矩。

2）导曲线钢轨侧面磨耗

（1）导曲线钢轨侧面磨耗产生的原因

导曲线外股没有设置超高，长期受离心力作用，导致反超高和上股钢轨偏心磨耗。

（2）预防整治导曲线钢轨侧面磨耗的措施

①在导曲线上股铺设 1/20 的铁垫板。

②根据需要设 6 mm 超高，在导曲线范围内按不大于 2‰顺坡。

③保持连续部分钢轨无接头相错。

3）导曲线不圆顺

（1）导曲线不圆顺产生的原因

尖轨跟端和辙叉前后开口尺寸不合标准，支距点位置不对，支距尺寸不标准和作业不细，维修不当以及列车车轮冲击作用，均可造成导曲线不圆顺。

（2）预防整治导曲线不圆顺的措施

①保证支距点位置和跟端支距正确。

②保持支距尺寸并使递减率符合要求。

③导曲线目测圆顺，消灭"鹅头"。

④个别处所，通过拨道和改正轨距解决。

5.4.4　辙叉及防护部分常见病害

1）辙叉垂直磨耗和压溃

（1）辙叉垂直磨耗和压溃产生的原因

车轮通过有害空间时对心轨和翼轨产生冲击作用，辙叉心处的岔枕经常发生吊板破坏道床坚实性是引起辙叉垂直磨耗和压溃的主要原因。

（2）预防整治辙叉垂直磨耗和压溃的措施

①加强辙叉底部捣固，特别是岔心和辙叉前后接头处的捣固。

②借助更换岔枕的机会，彻底加强辙叉底捣固。

③在辙叉底岔枕顶面垫胶垫,以缓冲受力。

④用竖螺栓扣件把辙叉固定在垫板上,如 AT 型道岔一样,加强辙叉的整体稳定性。

⑤可在辙叉部位的岔枕上安设特制铁座,用弹条扣件固定辙叉位置。

2)辙叉偏磨

(1)辙叉偏磨产生的原因

辙叉偏磨是由单侧通过列车次数较多造成的。

(2)预防整治辙叉偏磨的措施

①焊补偏磨辙叉。

②可倒换方向使用。

③加强偏磨部位捣固,且兼顾辙叉水平状态。

3)辙叉轨距不合标准

(1)辙叉轨距不合标准产生的原因

查照间隔和护背距离不合标准,护轨轮缘槽、辙叉轮缘槽尺寸不合标准是造成辙叉轨距不合标准的原因。

(2)预防整治辙叉轨距不合标准的措施

①拨正直股方向。

②调整辙叉及护轨轮缘槽尺寸,使其符合标准。

③打磨作用边肥边,焊补伤损心轨、翼轨。

④整修查照间隔、护背距离,使其符合规定。

5.5　无缝线路长钢轨折断及其预防

5.5.1　长钢轨折断的原因

长钢轨折断多发生在冬季。长钢轨在冬季除承受巨大温度应拉力外,还要受到列车动弯应力及其他附加力作用。当这些力的和超过钢轨强度时,就要发生折断。引起长钢轨折断的原因如下:

①长钢轨本身材质不良,如有核伤、裂纹等。

②长钢轨焊缝不良,尤其是铝热焊接头缺陷较多(常见的有黑核、夹渣、夹砂、气孔、热裂、焊偏、光板等),经过一段时间的运行后其强度逐渐降低,在温度力和动弯应力作用下拉断。

③线路维修不良,出现空吊板、三角坑、翻浆冒泥、轨枕间距过大等病害时,列车冲击力加大,长钢轨拉断的可能性增加。

④个别地段出现温度拉应力集中。如伸缩区和固定区衔接处、道口、曲线、桥头等处所应力很容易集中,加上车轮对长钢轨的动力作用,超过了钢轨强度。

⑤作业不当可能提高原锁定轨温,从而降低允许轨温变化的幅度。

5.5.2　长钢轨折断的预防措施及处理措施

1)防止长钢轨折断的措施

①对高度锁定的无缝线路,要在设计锁定轨温范围内进行应力放散。

②提高焊缝质量,加强钢轨探伤。改进焊接工艺,严格遵守操作规程,提高焊缝质量,是防止长钢轨折断的根本措施,要力求减少焊接缺陷,消灭高低不平上下错口,不合格者绝不铺设。

③整治焊缝病害。对高低接头、错口接头、马鞍形接头等缺陷接头,要用磨、焊、垫、捣、筛等方法综合整治,轨面要平顺,对超过 1 mm 的高低不平应及时打磨、焊补,使无缝线路长钢轨顶面和内侧保持平整光滑。有严重缺陷者要锯掉重新焊接。

④加强防爬锁定。加强防爬锁定是防止长钢轨过分收缩和长钢轨折断后轨缝拉开太大的有力措施。为此,可在铝热焊缝两端增加防爬设备,以加大抗爬力,发现有残余爬行的附加应力及时加以调整。

⑤提高线路质量,加强养护维修。消灭空吊板及三角坑,修正道床,补充石砟,保持线路弹性,放正焊缝两侧轨枕,整好钢筋混凝土轨枕脚垫。冬季长钢轨冷脆,线路刚性又大,进行作业时必须小心。起道时,起道机应放在距铝热焊缝 1 mm 以外,避免用起道机直接顶起铝热焊接头,并避免做一些冷弯直轨工作。

2)长钢轨重伤的处理

①探伤检查发现长钢轨或焊缝有重伤时,不待长钢轨或焊缝断裂,即切除重伤部位,切除长度不超过 60 mm,用钢轨拉伸器张拉钢轨,用铝热焊法实施原位焊复焊成与切除长度等长的焊缝。

②长钢轨或焊处折断,切除断口折损部位的长度不超过 60 mm 时,也可进行原位焊复。原位焊复的无缝线路实际锁定轨温保持不变。

③原位焊复切除断口(或重伤部位)后应立即装上钢轨拉伸器进行拉伸,松开两侧适当长度的扣件,拉伸到位后即进行焊接。

④原位焊复时,应松开接头两侧各 200～250 mm 范围内的钢轨扣件,并在此范围内每隔 50 mm 设立一处位移观测点,用钢轨拉伸器张拉钢轨,铺以撞轨,观测钢轨位移情况,位移到位后即进行焊接。

3)长钢轨折断的紧急处理

当长钢轨轨缝不大于 50 mm 时,应立即进行以下紧急处理:

①按规定设置停车信号防护。

②在断缝处上好夹板或鼓包夹板,用急救器固定,在断缝前后各 50 m 拧紧扣件,并派人看守,限速 5 km/h 放行列车。如断缝小于 30 mm,放行列车速度为 15～25 km/h(即有线提速 200～250 km/h,线桥设备限速不超过 20 km/h 放行列车)。

③有条件时,应在原位复焊,否则应在轨端钻孔,上好夹板或鼓包,拧紧接头螺栓,再适当提高行车速度。

④在轨缝两侧轨头非工作边上作标记,标记间距约为 8 m,并准确丈量两标记间的距离和轨头非工作边一侧的短缝值,做好记录。

⑤如折损严重或断缝拉开大于 50 mm 时,不得放行列车,应及时进行处理。

4)长钢轨折断的临时处理

无缝线路长钢轨(含焊缝)折损严重或断缝大于 50 mm,无论是否经过紧急处理(含重伤上夹板后折断),如不能及时原位焊接短轨枕进行永久处理时,均应在不超过一周时间内进行临时处理。临时处理要求如下:

①临时处理时,在断缝两侧轨头非工作边上作标记,标记间距离约为 8 m,并准确丈量两标记间的距离和轨头非工作边一侧的断缝值,做好记录。

②沿断缝两侧对称切除伤损部分,锯口距断缝距离不得小于 1 m,两锯口间插入长度不短于 6 m 的同型钢轨,轨端钻孔,上接头夹板,用 10.9 级螺栓拧紧。

③在短轨前后各 50 m 范围内,拧紧扣件后,按伸缩区要求加装防爬设备,可按正常速度放行列车,但不得大于 160 km/h。

临时处理插入的短轨,不宜在线路上长时间保留,应在不超过一个月的时间内采取焊接短轨的方法进行永久处理。

5)长钢轨折断的永久处理

长钢轨断缝处紧急处理或临时处理后,在原锁定轨温增减 5 ℃ 以内,插入短轨重新焊接修复,恢复无缝线路轨道结构。

无缝线路长钢轨(含焊缝)折断的永久处理要求如下:

①在接近锁定轨温的条件下,拆除插入的短轨,适当松开扣件和防爬器,按需要放散应力,使前后钢轨恢复应有位置。

②锯掉带有螺栓孔部分的钢轨,插入焊接短轨,焊后长轨条基本上恢复原有状态,保持原锁定轨缝不变。

a.采用小型气压焊时,插入短轨长度应等于切除钢轨长度加上两倍顶锻量。先焊好一端,焊接另一端时,先张拉钢轨,使断缝两侧标记的距离等于原丈量距离减去断缝值加顶锻量后再焊接。

b.采用铝热焊时,插入短轨长度等于切除钢轨长度减去两倍预留焊缝值。先焊好一端,焊接另一端时,先张拉钢轨,使断缝两侧标记的距离等于原丈量距离减去断缝值加顶锻量后再焊接。

③焊接短轨的材质应与长钢轨相同。

a.有条件时,可将垂直断缝直接采取宽焊缝铝热焊原位焊复。

b.在线路上焊接时,轨温应不低于 0 ℃。放行列车时,焊缝处轨温应降至 300 ℃ 以下,不限速。

c.进行焊复处理时,应保持无缝线路锁定轨缝不变,并如实记录两标记间钢轨长度在焊复前后的变化量。

5.6 实操技能

5.6.1 成组更换单开道岔

成组更换单开道岔的方法大致可分为现场更换法和预铺移设法两种。现场更换法适用于线路密集、地势狭窄、没有存放新道岔空地的道岔施工。预铺移设法适用于有空地的场所。本书只介绍现场更换法。

1)作业(操作)方法和步骤

（1）前期准备工作

①现场调查。确认新旧道岔的型号，调查旧道岔爬行情况，查明前后连接轨的长度、轨缝、磨耗量和渡线长度，施工场地周围环境有无障碍物，新道岔铺入后是否会侵入限界。

使用长钢尺采用简易法测定道岔位置，如结合线路改造需要移位时，可使用经纬仪复核道岔位置。

②配轨。核对好道岔位置及更换引轨的起终点，同时要考虑道岔前后钢轨接头相错量和串动钢轨的方向，分别量出新旧道岔长度，再确定道岔前后的配轨长度，然后锯轨、钻眼、锁定线路，防止爬行。更换新道岔时，道岔前后各一对引轨应同时更换成新轨。

③协调配合。施工中占用股道和时间，信号专业的配合，道岔移位对电缆设施的影响，还有通信、照明等的移位协调配合。

④检查道岔钢轨。新道岔钢轨在自由状态时是否有硬弯，尖轨、基本轨弯折点位置和弯折量是否正确、合理，复核主要配件的数量和规格，防止出现差错。

⑤连接轨组。

a.把新道岔的轨件按上、下股分别运放在旧道岔两侧相应位置，连接成两组。上股组包括直股基本轨、尖轨、外直轨和导曲线上股轨；下股组包括曲股基本轨、尖轨、导曲线下股轨和内直轨。辙叉较重，可放在适当位置，暂不连接。

b.滑床板除锈打磨后连接到新道岔基本轨相应位置上。

c.新道岔钢轨上标出枕木位置、支距点、轨距加宽及递减距离。对支距垫板排队编号。

d.成组更换岔枕时，将岔枕按长度运到适当位置，按要求进行调头、翻身、编号、画好直股钢轨底边的位置线，并按规定进行捆扎。

e.更换不同类型的钢轨时，先在道岔直股每隔 5 根枕木更换一块新垫板，以确保在不更换岔枕的情况下新道岔铺设后的位置准确。

f.准备工作的检查及施工安排。施工负责人在封锁前几天，对前期准备工作进行检查，对工具、机具、材料、作业人员、运输、后勤和防护工作进行布置和落实，交代施工方法、安全措施和注意事项等。

（2）基本作业

①按《铁路行车组织规则》办理请销点手续，按规定设置防护。

②现场施工。

a. 起调全部扣件，卸掉连接螺栓，拆除夹板、杆件。

b. 抬出旧轨，搬运旧辙叉、旧岔枕。

c. 整平道床，新岔枕、垫板到位。

d. 拨入新轨，合龙门，道岔与线路方向顺直。

e. 安装扣件，拨正方向，起平轨面，消除Ⅰ级以上水平超限，分两次回填石砟。

f. 指派专人配合信号调试转辙部分设备。

g. 检查施工地段的方向、水平、轨距、道床和行车标志，符合开通线路条件后，清理现场，回收旧料，按要求销点。

2）质量标准

①道岔及前后线路方向要顺直，各部几何尺寸要符合《线路检修规程》要求。

②道岔爬行量不超过 20 mm，配轨合理，消除接头 1 mm 以上的错牙。

③在更换不同类型的道岔时，对岔后连接曲线的整正必须同时达标。

④对原有道岔存在的渡线方向、道岔位置不正等问题，要通过道岔大修进行移位并解决。有加强设备要求的道岔，必须同时安装齐全。

⑤做到工完料清，轨料集中堆码存放，零部件收集整齐。

3）注意事项

①连接轨组必须垫片、放稳、固定，其高度不得高出有线钢轨顶面 25 mm，其距钢轨外侧不得少于 150 mm，不得影响道岔扳动转换。

②准备工作以不影响现场安全为度，各种机具、材料不得侵入限界和邻线。

③作业时人多集中，前后左右相互照看，搬运钢轨等重物要一人指挥，作业人员动作一致，要注意脚下障碍物，确保人身安全。

④在气温变化大的季节施工，配轨时要测量轨温，对道岔更换时的轨温要预测，要考虑钢轨温差伸缩量对轨缝的影响。

5.6.2　计算和调整曲线超高

1）作业（操作）方法和步骤

①测速。

a. 使用测速仪连续 24 h 测速。

b. 无测速仪时，选择一端固定距离且瞭望条件好的线路，在前端将列车进入时间及时通知（预先统一联络方式）后端掌握秒表人员，实测每次列车行驶这段距离的时间，换算成速度。

②计算平均速度。按《设备设施检修规程》规定，采用加权平均法计算列车通过曲线的平均速度。

③计算超高。

a. 计算实设超高，根据单线、复线和所采用欠超高和过超高的规定数值，计算出实设超高。

b.根据计算实设超高,对照《设备设施检修规程》第3.7.4条曲线超高顺坡规定计算超高顺坡率。如不能满足上述要求时,可采用两种方法处理:一是调整欠超高和过超高采用的量值;二是延长缓和曲线长度,以满足超高顺坡率。

④确定超高值。

⑤在现场每隔10 m进行标注,标明超高量。

⑥补充石砟。根据超高调整量确定补砟量。

⑦起道。按超高调整量进行起道,调整超高。

⑧回检找细整理。

2)质量标准

实设最大超高、未被平衡超高、超高顺坡率均应符合《设备设施检修规程》的规定。

3)注意事项

①无缝线路地段调整超高作业时,严格按无缝线路作业有关规定执行。

②电气化线路区段,单股一次起道量超过30 mm时,必须先通知供电部门到场配合。

5.6.3　曲线检查

1)作业(操作)方法和步骤

①上道检查前,先确认检测量具是否规范、合格、有效,检查前先校对水平。

②检查曲线头尾位置,判别是否存在"鹅头"或"反弯",两端直线段几何尺寸是否有偏差。

③确定基准轨。水平以曲下股为基准,轨向以曲上股为基准。

④检查轨距、水平、轨向、高低、三角坑和递减顺坡率,测量曲线正矢。

⑤检查钢轨磨耗、接头状态、轨枕失效、歪斜、零配件缺损失效以及接头轨缝和线路爬行情况。

⑥检查道床、路肩、外观和排水设备,看标记和标志是否齐全、准确、清晰。

⑦将检查出来的每个项目数据(包括工作量)填写在记录簿相应的位置。

⑧汇总分析。根据曲线状态检查结果,对偏差处所正确判定,认真分析该曲线存在的主要病害及状态质量,需要采取哪些针对性的方法和措施。

2)质量标准

①检查项目和部位齐全、正确,记录规范、清晰。

②各项检测数据误差不大于1 mm。

③检测熟练,操作规范。

④曲线地段拨道要用绳正法计算拨道量。

⑤发现曲线钢轨顶面光带偏离,曲上股侧磨速率变化大,或曲下股压溃严重,要定期观察和测速,并应及时申请调整高度或轨底坡。

⑥钢轨磨耗接近轻伤时,要将磨耗地点、股别、长度和磨耗量向车间汇报。磨耗达到轻伤后,要及时向工务段汇报,并定时加强观察、记录和分析。

⑦检查时发现几何尺寸达到"临时补修"和线路设备状态危及行车安全时,要采取果

断措施,及时汇报处理。

⑧作业项目和工作量配合合理,病害分析有依据,操作方法可行,采取的措施针对性强。

3)注意事项

按《铁路工务安全规则》有关规定执行。

5.6.4　道岔维修作业

道岔维修是根据工务段下达的月度综合维修任务,确定道岔综合维修的数量和位置。要选择技术设备状态较差、维修周期偏长、能通过清筛、更新设备、全面调整几何尺寸和整修设备零部件、恢复设备技术状态和道岔进行综合维修。

1)作业(操作)方法和步骤

(1)调查

①调查项目。处理零星冒浆和道床清筛,道岔爬行量和轨缝,确定起道量、拨道量和范围,方枕,修理零部件,补充石砟,整修路肩和疏通排水等。

②更换设备。更换达到标准的钢轨件(如基本轨、尖轨、导上轨和叉心等)、岔枕、失修零部件、补充防爬设备等。

(2)编制计划

根据调查处的作业项目和工作量,按工时定额计算出维修人工和材料。

(3)准备作业

①清筛。处理个别冒浆和清筛不洁道床,道床不丰满时要先卸砟和运砟。

②换轨、拉轨。根据计划更换钢轨、叉心作业,结合换轨,拉方道岔,均匀轨缝。

③修理钢轨。打磨钢轨肥边和轨端肥边,矫直钢轨硬弯,调整尖轨和基本轨位置及矢度。

④方枕、换枕、捆扎、削平修理枕木。

⑤更换零部件。先更换影响基本作业的零部件,如严重磨损失修的滑床板、铁垫板等。

(4)基本作业

①起道捣固。根据调查的起道量和起道范围作业。

②拨道。

③改道。改正轨向、轨距和顺坡,更新和补齐道钉、扣件等,整治接头错牙。

④调整间隔尺寸。调整各部间隔尺寸,结合道岔工,结合道岔进行工电联合整治。

⑤整修防爬设备。

(5)整修作业

①回检找细。对照维修作业验收标准,消灭道岔几何尺寸偏差。

②整修零部件,道岔备件涂油。

③均匀整理道床,清除杂草,外观整洁。

④整修路肩,疏通排水。

⑤补齐标志,刷新标记。

2）质量标准

道岔维修质量对照《设备设施检修规程》第6.4.6条"道岔综合维修验收评分标准"组织自验,及时纠缺补漏,力争验收质量一次达到优良。

3）注意事项

各单项作业安全要求按《铁路工务安全规则》有关规定执行。

5.6.5　矫正单开道岔尖轨、基本轨弯折量

1）作业（操作）方法和步骤

（1）垫高放平

对矫正的尖轨或基本轨,选择宽敞平坦处,用两个短枕木头或防爬支撑放在适当位置垫高放平,并用道钉加固,使钢轨处于自由状态。

（2）消除硬弯和漫弯

目视矫整硬弯和漫弯,再用弦绳检测。检测尖轨时,在非作用边一侧的尖轨处用弦绳拉到刨切始点（尖轨中部）无矢度或反弯,再用同样的方法将刨切始点拉到尖轨跟端无矢度;检测基本轨时,可用弦绳从头至尾边量,再在另一侧检验,确认两侧弦绳和钢轨作用边靠近无缝隙。

（3）确定弯折位置

根据尖轨或基本轨图纸尺寸,用钢轨丈量出各个弯折点的弯折位置和弯折量,并标明弯折方向。

（4）弯折

在各弯折点用直轨器进行弯折,直轨器下要垫实放平,尖轨和基本轨要扶正,可用道钉撬棍插入接头螺孔中扶正,防止弯折使钢轨倾倒。弯折开始动作要缓和,中间可逐步加力,接近到位前又要缓和,以防弯过头。弯折时视作业时的温度适当留出一定的回弹量,保压2~3 min,松开直轨器时要慢,以防回弹量过大。

（5）尖轨测量

测量尖轨弯折量时,可用"中量"和"边量"两种方法复核校对。"中量"就是在尖端顶面,分别在跟端和刨切始点分中,一人先将弦绳从非作用边慢慢向内做水平移动,直至弦绳与刨切始点中心处线条吻合,量出弦绳与尖轨头部非作用边的矢量,读出的矢量再加钢轨头部半宽就是尖轨实际弯折量。再用"边量"复核,即一人将弦绳放在尖轨跟端非作用边的轨头外侧,另一人在尖轨头部拉弦,待弦绳靠到刨切始点非作用边时,读取弯折量,看两种测量方法的数据是否接近。有较大偏差时,说明尖轨直线段有矢量,要重新矫直。

（6）基本轨测量

测量基本轨的弯折量,同样要用"中量"和"边量"复核校对。"中量"的分中位置在中间直线段的两端,测量时基本轨的前端和跟端弯折量要以直线段为基准分别量取,以此量取误差会较大。

（7）回检细弯

弯折矢量不可能一次到位,要多次矫整复测,直至达标。

（8）存放

弯折结束后,将尖轨和基本轨放置平稳,禁止侧放,防止因自重发生扭曲或矢量变化。

2）质量标准

①弯折位置偏差不超过 2 mm。

②弯折量偏差不大于 + 30 mm。

3) 注意事项

①弯折尖轨或基本轨必须固定牢固,防止侧翻伤人。

②弯折时轨温低于 25 ℃时应采取加温措施,低温时禁止弯折。

5.6.6 断轨处理

1)作业(操作)方法和步骤

发现线路钢轨(含焊缝)折断时,应按《铁路工务安全规则》规定设置停车信号防护。

（1）紧急处理

①当钢轨断缝不大于 50 mm 时,在断缝处上好夹板或鼓包夹板,用急救器固定。

②焊缝伤损经钻孔加固的要复紧接头螺栓,整治接头错牙。

③在断缝前后各 50 m 拧紧扣件,并派人看守,限速 5 km/h 放行列车。

④如断缝小于 30 mm 时,放行列车速度为 15 ~ 25 km/h。

⑤若一时无法修复,应在轨端钻孔,上好夹板或鼓包夹板,拧紧接头螺栓,可适当提高行车速度。

⑥有条件时,在断缝内插入短轨头,断缝处垫实枕木头。

（2）临时处理

钢轨折损严重或断缝大于 50 mm,以及紧急处理后,不能立即焊接修复时,应进行临时处理。

①封锁线路紧急处理后,限速放行列车。

②准备工作。

a. 轨道电路区段,联系电务人员到场配合。

b. 正线上应插入不短于 6 m(站线不短于 4.5 m)的同类型钢轨,按规定钻孔,运送到现场。

c. 当轨温与无缝线路锁定轨温相差超过 15 ℃时,拧紧断缝前后 100 m 扣件,锁定钢轨。

d. 在断缝两侧轨头非工作边作标记(标记间距约为 8 m),并准确丈量两标记间的距离、轨温和断缝值,并做好记录。

e. 新轨定位。断缝应尽量处在换入新轨的中部。遇线路焊缝伤损时,距焊缝不少于 0.5 m。

如人工进行锯轨、钻孔,可利用列车间隔时间先钻孔,再锯轨,提前做好准备(机械锯轨可将螺孔先钻好),以缩短封闭时间。

③基本作业。

a. 申请时间设置防护,机械锯轨。

b. 拆卸扣件(接头夹板)。

c. 移出伤轨。

d. 拨入新轨。

e. 连接钢轨,用10.9级螺栓拧紧固接头,拧紧扣件。

f. 撤除防护,开通线路,放行列车速度不得大于160 km/h。

④整理找细,回收旧料。

(3)永久处理

对紧急处理或临时处理的处所,应及时插入短轨进行焊复,恢复无缝线路轨道结构。

①采用小型气压焊或移动式接触焊时,插入短轨长度应等于切除钢轨长度加上两倍顶锻量。先焊好一端,焊接另一端时,先张拉钢轨,使断缝两侧标记的距离等于原丈量距离减去断缝值加顶锻量后再焊接。

②采用铝热焊时,插入短轨长度等于切除钢轨长度减去两倍预留轨缝值。先焊好一端,焊接另一端时,先张拉钢轨,使断缝两侧标记的距离等于原丈量距离减去断缝值后再焊接。

③在线路上焊接时,气温不应低于0 ℃。放行列车时,焊缝温度应低于300 ℃。

④进行焊复处理时,应保持无缝线路锁定轨温不变,并如实记录两标记间钢轨长度在焊复前后的变化量。

⑤焊复时,如受封锁时间、轨温和气候条件等因素影响,张拉钢轨不到位时,应作详细记录。在轨温适宜时,申请计划,重新焊接,恢复原无缝线路锁定轨温。

2)质量标准

①板刨切面(斜面)应朝上,将鼓包放置在伤损部位或焊缝中心。

②包夹板使用急救器时,在其两端各上紧一只急救器,急救器螺栓必须由外向内钩;钻孔上接头螺栓时,必须在夹板两端外侧钻孔,每端各上两只螺栓。每放行一趟列车后,必须检查复拧。

③插入钢轨与线路上的钢轨断面尺寸尽量接近,上下偏斜度、高低不平度不超过1 mm,结构错牙不超过1 mm。

④锯轨时,应全断面垂直锯断。钢轨钻孔后必须倒棱。

⑤焊缝打磨质量。工作边肥边和焊缝高低,速度超过120 km/h的线路区段,用1 m直尺测量应小于0.3 mm;速度不超过120 km/h的线路区段,要小于0.5 mm。

3)注意事项

①计算和丈量钢轨一定要复核,避免差错。

②线路上手工锯轨前,要先由电务人员安装钢轨导线后才能开锯。来车前,确保钢轨每端上紧两只夹板螺栓。

③锯轨中和锯轨后,应注意检查长轨伸缩,高温时采用两段50~100 m浇水冷却线路,防止夹锯和轨缝预留量变化,应尽量选择轨温与锁定轨温差较小时申请封锁换轨。

④焊接接头配轨时,焊缝应放在两轨枕中间。铝热焊缝轨距枕边缘不应小于40 mm,线路允许速度大于160 km/h时不应小于100 mm。

⑤及时做好断轨地点、插入钢轨长度记录,无缝线路地段将有关内容记入长轨条卡片。断轨和处理结果应及时汇报。

5.6.7 胀轨跑道处理

1)作业(操作)方法和步骤

①发现胀轨跑道,应立即通知车站、工区和运行中的列车司机,封闭线路,设置停车信号防护。

②作业中发现胀轨预兆时,必须立即停止作业,及时采取应急措施。

③无论作业中或作业后,发现线路轨向不良,均用 10 m 弦测量两股钢轨的轨向偏差。当平均值达到 10 mm 时,必须设置慢行信号,回填道砟,堆高砟肩,并夯拍道床,按 5 km/h 速度放行列车。

④当两股钢轨的轨向偏差平均达到 12 mm 时,在轨温不变的情况下,必须设置停车信号防护。

⑤跑道发生胀轨后,应立即采取钢轨降温等紧急措施,可以采取浇水或喷洒液态二氧化碳等办法降低钢轨温度。

⑥无降温条件或降温无效时,应立即截断钢轨(普通线路应拆开钢轨接头)放散应力,整正线路,夯拍道床,首列放行车辆速度不超过 5 km/h。

⑦对发现胀轨预兆地段,要加强巡查或派专人监视线路变化,直至消除隐患,并尽快恢复线路。

⑧发生胀轨后,必须立即将线路胀轨情况向车间、工段报告。严格执行线路胀轨应急预案,及时组织分析,吸取教训,采取对策。

2)质量标准

①采用浇水降温时,其浇淋长度自胀轨跑道两端各 50～70 m,由外向内对两股钢轨同时浇水。

②发现胀轨(预兆)经处理线路稳定后,可逐步提高行车速度。在轨温无明显下降前,不得提前撤离看守人员。

③截断钢轨应急处理后,必须在 24 h 内按规定进行临时性或永久性处理。

3)注意事项

①当无法确定线路发生胀轨跑道时,应先设置停车信号防护,再进行应急处理,决不冒险放行列车。

②发生胀轨跑道,应先采取降温措施,不得盲目拨道。复线或多线地段,要同时检查线间距,避免影响邻线行车。

复习题

1.试述钢轨病害整治限度标准。

2.钢轨打磨的作业手段有哪些?

3.钢轨接头病害有哪些类型?

4.钢轨接头病害的整治方法有哪些?

5.试述曲线整正的基本原理。

6. 叙述整治曲线方向不良的方法。

7. 防治钢轨磨耗的方法有哪些？

8. 尖轨不密贴及"三道缝"是什么原因造成的？怎样防治？

9. 尖轨跳动是什么原因造成的？怎样防治？

10. 尖轨磨耗及扎伤是什么原因造成的？怎样防治？

11. 辙叉轨距不合标准产生的原因是什么？怎样防治？

12. 产生钢轨折断的原因是什么？

13. 简述无缝线路钢轨折断时的紧急处理办法。

14. 简述无缝线路钢轨折断时的临时处理办法。

15. 简述无缝线路钢轨折断时的永久处理办法。

项目6 典型故障案例

6.1 美国芝加哥脱轨事故

6.1.1 事故概况

美国当地时间2006年7月11日17点06分,芝加哥一辆北行的"蓝线"220次列车在芝加哥市区克拉克湖站和大密尔沃基站之间因设备故障发生脱轨事故,列车驾驶员立即停车。发生事故的列车为8辆编组,当时车上约有1 000名乘客。列车后部的两个车轮脱离轨道后引发了大火,致使隧道内充满浓烟。驾驶员按照程序引导乘客撤离车厢,一些乘客在隧道内根据疏散标志的指引,步行几百米由紧急出口疏散。事故使芝加哥城市轨道交通"蓝线"部分区间的运营暂时中断。直到当天夜间,发生事故的"蓝线"恢复了从市中心到西北方向的单向运营。此次事故造成152人因浓烟受到轻伤,2人伤势严重。

6.1.2 处置措施

事故发生后,芝加哥交通管理局、芝加哥消防局以及芝加哥警察局立即响应,救援工作有序展开。列车脱轨并引发火灾后,列车驾驶员在1 min之内将列车紧急制动并向控制中心报告;3 min后,运营单位向911报警中心报警,同时要求控制中心关闭地铁内的电源,停止事发区域的列车运营;4 min后,消防和警察等部门人员抵达事故现场,应急照明系统在8 min后启用;27 min后,消防人员进入隧道并控制了火情。整个救援工作在1 h内完成,各部门采取的具体措施如下:

1)芝加哥交通管理局采取的措施

芝加哥交通管理局主要采取了以下措施:一是列车驾驶员立即向控制中心报告,组织疏散乘客。事故发生时,驾驶员发现故障后立即实施紧急制动,向控制中心报告事故情况,要求切断电源。在得到控制中心的调度命令后,驾驶员引导乘客打开车门,离开列车,并按照隧道内的疏散标志从紧急出口离开事故现场。二是关闭事发区域的供电设备,启动应急照明设备。电力控制中心确认事故区域"蓝线"列车的故障后,手动关闭该区域的供电设备,同时开启紧急出口的应急指示灯和告示板,引导乘客疏散。三是停止事发区域其他线路列车的运营。关闭从芝加哥西区经市中心前往国际机场的线路,为事故救援提供了空间。

2)芝加哥消防局采取的措施

芝加哥消防局在接到事故报警后,立即派出消防队员前往事故现场,主要采取了以下措施:一是疏散乘客,提供吸氧设备等救助物品。到达事故现场后,消防人员开始疏散紧急出口处聚集的乘客,在街道上设立了紧急救援点,向乘客提供吸氧设备和饮用水等物品。二是进入事发隧道内进行搜救和灭火。消防队员在隧道内进行了多次搜索,确保所有乘客均被安全疏散,确定火源并成功灭火,消除烟雾。在整个救援工作中,芝加哥消防局派出的救援设施和人员包括28辆救护车、15辆泵浦消防车、9辆云梯车、3支重伤救援队伍、1支危险品处理队伍、2支特别救援分队和1个移动通风设备小组等。

3)芝加哥警察局采取的措施

芝加哥警察局911报警中心接到列车事故报警后,立即派员抵达事故现场维持秩序,协助救援工作,主要采取了以下措施:

①了解事故情况。到达事故现场的警察向911报警中心报告了事故位置和具体情况,确保调度中心准确掌握事故进展情况,迅速制订了应急救援调度方案。

②协助消防人员组织乘客疏散。列车脱轨后引发了火灾,为防止现场发生混乱,警察负责维持秩序并协助消防人员疏散乘客。

③协助事故调查。负责调查火灾相关事故的警察协助调查事故原因,排查是否为纵火或恐怖袭击造成列车脱轨。

6.1.3 事故原因分析

根据美国交通运输安全委员会的调查结果,芝加哥地铁系统主要存在设施设备安全隐患和安全监管体系不完善两个方面的问题。

①芝加哥地铁的设施设备安全隐患是导致此次事故发生的直接原因。在芝加哥城市轨道交通系统中,轨道磨损、扣件与腐朽的枕木连接不牢靠等安全隐患长期存在,但并未引起城市轨道交通运营单位的足够重视。对于高速行驶的列车来说,轨道的安全性对运营安全起着巨大的保障作用,一旦存在安全隐患,将可能造成不可估量的严重后果。此次事故调查结果表明,轨道安全隐患是造成此次"蓝线"列车脱轨的主要原因。

②芝加哥地铁安全监管体系不完善是诱发此次事故的间接原因。在芝加哥交通管理局的运营安全管理中,没有要求安全人员对轨道的安全状态进行监测,安全人员也不具备轨道技术的专业知识背景,日常检查工作的重点是隧道和紧急出口,轨道的检查工作主要由轨道部门负责。安全人员没有对轨道部门检查工作的记录进行核查,未能及时发现存在的安全隐患。芝加哥交通管理局对轨道安全性的监管体系不完善,使安全人员不能及时发现轨道的安全隐患,最终导致了此次事故的发生。

6.1.4 事故启示和改进措施

①此次事故有以下两个方面的启示:

a.线路硬件条件是城市轨道交通运营安全的重要保证。城市轨道交通是一个封闭式的交通系统,轨道线路是该系统的重要组成部分,而轨道线路的安全隐患(如地面轨道构件存在故障、隧道照明条件差、缺少疏散标志等)可能导致事故的发生,因此,安全稳定的轨道设施是保证城市轨道交通运营安全的前提条件。建立起完善的轨道设施安全标准,对相关设备进行定期检查、维修和更换,才能确保城市轨道交通运营安全。

b.切实有效的安全管理是保障城市轨道交通运营安全的重要手段。城市轨道交通的安全管理,涉及城市轨道交通的规划、建设与运营环节,涉及多个管理部门,是一个复杂的系统工程。为保证城市轨道交通安全运营,各部门应协同合作,从强化安全意识、建立城市轨道交通运营安全工作的长效机制入手,确保城市轨道交通运营安全。

②此次事故后,芝加哥交通管理局采取了一系列改进措施,从安全监管体系以及设备更新等方面进行了完善,消除安全隐患。

a.芝加哥交通管理局对"蓝线"线路的轨道进行了详细检查,替换了所有被腐蚀的钢轨垫板、螺钉和导轨压道板,更换并升级了隧道内的所有照明设备。2006年10月,芝加哥交通管理局完成了对整个路网轨道的加固和测量,并将此项工作列入年度计划。

b.芝加哥交通管理局对工程及维修部门进行了重组,将轨道安全检查从轨道维修中独立出来。轨道安全检查和轨道设施维护维修点增加了36个,达到105个,其中,42个用于轨道安全检查,63个用于轨道设施维修。同时,要求所有的轨道检查人员进行3天的再培训,并将此要求列入年度计划。

c.芝加哥交通管理局还修订了轨道的维修标准,以确保轨道安全性,要求所有的安全人员和系统安全工程师对轨道产品标准和相关安全规范进行再学习,并按月提交检查报告。在以后的轨道安全检查中,规定系统安全人员每月参与轨道检查,并向轨道维修人员反馈其操作中的不规范行为。此项措施完善了芝加哥的轨道交通安全管理制度。

6.2 "12·16" 车辆伤害事故

6.2.1 事故概况

2008年12月16日1时10分至4时30分,上海工务段在沪昆线松江至石湖荡间下行线K56+500 m至K61+000 m处利用P95大修列车进行更换混凝土枕封锁施工。正线二工班1名职工带着4名劳务工负责龙门口钢轨切割及电容枕的插入作业,3时43分左右,当施工至K59+720 m处龙门口钢轨切割附近时,该职工由南向北钻越大修列车去两线间取快速夹具时身体侵限,被上行线通过的K528次列车撞击,当场死亡。

6.2.2 原因分析

①职工自身安全意识淡薄。该职工在配合P95大修列车作业中,违反"在通过桥梁、道口或横越线路时,应做到一停、二看、三通过"等基本规章制度,在邻线列车通过时盲目

钻越线路,侵入限界。这是发生事故的直接原因。

②基本防护制度不落实。一是在环境嘈杂的大修列车车挡内作业,并在存在邻线车辆、切割机具等伤害可能的环境中作业,没有采取针对性防范措施。二是分散作业点的安全防护失效。对龙门作业未安排专职防护人员,也未建立与现场防护员之间的安全联控办法。三是施工负责人没有认真安排施工防护,施工前没有执行路局施工"二图一表"的规定,对现场防护员站位布置不当,造成防护盲区。这是发生事故的重要原因。

③施工安全预想不充分。上海工务段作为施工主体单位,利用P95大修列车进行换枕封锁施工为首次,段领导、专业管理部门和生产车间对施工人身安全潜在的隐患没有引起足够的重视,对安全关键环节缺乏系统了解,作业的流程、安全重点和关键不掌握,安全预想不充分,制订的安全措施不具体,缺乏针对性,职工培训教育不到位。这是发生事故的管理原因。

④现场安全盯控措施不落实。上海工务段未指派足够的专业管理人员加强指导与监督,车间也未对现场关键作业点加强监控,现场监督管理不力。事发时,切割龙口附近有段、车间领导在场把关,但作业小组的作业行为并未得到有效监控。这是发生事故的又一管理原因。

6.2.3 事故定性定责依据

根据《铁路交通事故调查处理规则》第十三条规定,本起事故构成责任铁路交通一般B1事故,定上海工务段责任事故。

6.3 道岔问题故障

6.3.1 事故概况

2011年8月18日15时46分,10512次司机在折返站通过W1719和W1711道岔时,听见道岔异响,向行调进行了汇报,行调向随后的上行列车司机发布了命令,让司机注意观察。16时29分,11012次司机经过时也听见异响,维调通知工建车间处理,20时04分,处理完毕,影响运行图上行列车折返站折返时间3小时23分。

6.3.2 事件经过

1)道岔故障的发现

2011年8月18日15时46分,10512次司机报经过折返站W1719和W1711道岔时有异响,行调询问经过该处的其他前行列车运行情况,司机回答经过该处运行正常。行调通知随后到达的10612次、10712次、10812次司机经过该处时注意确认。15时53分,10612

报通过该处时有异响,声音不大,无异常;16时03分,10712次司机报经过该处无异常;16时09分,10812次司机报经过该处无异常;行调经过10612次、10712次、10812次3趟列车确认无异常后,10912次正常折返。16时29分,11012次司机汇报,经过W1719和W1711道岔时有异响,维调通知工建车间处理。随后,16时37分,11112次司机报经过该处有异响,通知维调处理;16时41分,11212前站上行站台扣车待令,后续各次列车经小交路折返。

2)道岔故障的确认

2011年8月18日16时42分,行调安排信号人员及折返站车站人员下线路确认故障,值班站长和驻站信号工班两人从上行线头端墙进入轨行区检查W1719和W1711道岔是否正常。信号人员报W1711道岔后发现有一钢轨扣件脱落,不能确认是否能正常行车。

19时10分,工建人员到达现场,在上行线路W1711道岔检查时发现右股尖轨跟端一处扣件螺栓松动,螺栓和螺帽已失效滑丝脱落,弹条掉落;轨距块与钢轨之间敲击摩擦造成列车行驶过程中噪声较大,确认异响原因为弹条脱落,扣件边缘有个别扣件螺栓松动,不影响行车,19时12分报维调。

3)道岔故障的处理

15时50分,维调通知工建车间正线二工班长收车后对折返站W1719和W1711道岔进行检查。

16时30分,维调通知车间副主任在列车行驶中电客车司机发现折返站W1719和W1711道岔有异常噪声,要求轨道专业对故障进行确认。

18时45分,设施部工建车间4名员工到折返站车控室请抢修点,19时10分,在上行线路W1711道岔确认异响原因,判断不影响行车,19时12分,报维调后开始维修,更换失效螺栓和螺帽,测量道岔轨距、支距几何尺寸、水平高低,一切正常无超限数值,20时04分,维修完毕销点,恢复线路使用。

从16时41分11212次上一站上行扣车至18时42分末班车到达折返站为止,共小交路折返7列,经前站渡线反方向运行至折返站下行3列,中断当日单线运营2 h 9 min,中断图定上行单线运营3 h 23 min。

6.3.3　调查情况

1)责任划分

自8月2日开始正线工建车间二工班人员开始进行开通前设备检查,巡检、线路维护由临管单位中铁某局负责,二工班人员不再对该段线路巡检、维护负责。

2)临管单位的检修情况

提报的施工计划为8月11—17日均有巡检计划,15—16日无故未请点巡检。17日持2A2-17-02施工进场作业令,轨道巡检与维护。计划时间为17日23时00分至次日4时50分,实际时间为22时50分至次日2时14分。施工负责人为陈某,共4人作业。施工区域只到折返站上下行线,未含辅助线,车站未许可其进辅助线检查。

从7月2日—8月20日巡视记录显示,在巡视过程中,巡检人员时常不带工具,特别是巡检锤。

3)检修情况

查 7 月 19 日—8 月 20 日巡检记录,其中只有两次带巡检锤,其余均未带。从检查记录来看,弹条扣件丢失时有发生;工班长对中铁某局的巡检记录只签字,对存在的不带工具或少带主要工具问题熟视无睹,更未对其作业情况进行检查。

轨道巡检记录要求技术人员每天签字,要求车间主任每周进行检查签字,7—8 月均未签字。

工建车间在正线设置一、二工班,仅上夜班,而白班无人值班。

4)调查处理情况

从 8 月 18 日 20 时 04 分故障处理完毕,至 8 月 19 日晚以分析报告要主管领导签字为由,迟迟未提交调查报告,在多次督促下,于 22 时 38 分后提交,时间达 27 h,且提交的报告为工建车间编制的"道岔故障处理情况汇报"。

至 8 月 23 日上午 9 时 00 分,工建车间未对事件组织专题分析,只是在 8 月 19 日主任与工班长碰头后形成情况汇报;部门也未及时作专题分析,在事发后的 23 日方进行了事件的专题分析,24 日将分析处理报告提交技术安全部。

6.3.4 原因分析和事件定责

1)原因分析

(1)关键设备长期失修

一是施工计划提报漏项,长时间未对道岔区进行巡检。临管单位中铁某局提报的周计划作业区段均为上下行,15—16 日未请点巡检,也未向调度部申请取消此项施工;在 17 日晚进行轨道巡检时,因施工计划提报的作业区段不含折返站辅助线,被折返站站务人员阻止,未及时将情况反馈 OCC 调度,也未向工建车间反馈情况。从巡检记录查看,W1711 道岔最近巡检日期为 8 月 12 日,至事件发生,连续 5 天未对折返站 W1711 道岔进行检查,重点设备严重失修。违反《铁路线路修理规则》(以下简称《修规》)第 8.2.3.2 条"巡查时应严格执行工建车间编制的巡回图巡查(如遇作业令冲突时,以作业令为主进行适当调整),以 3 km/h 左右的速度全面查看线路、道岔,重点检查:(1)钢轨、道岔、防磨护轨、钢轨伸缩调节器及主要联结零件有无缺损,尖轨和基本轨是否密贴,已有标志的伤损有无发展"的规定。

二是严重漏检漏修。从 8 月 2 日开始,中铁某局的检修范围不包含折返站道岔,查轨道巡检记录,中铁某局未对其他区段进行检查,漏检一个区段达半个月之久。违反《修规》第 8.2.2.1 条"人工巡道 48 小时巡查一遍,每天巡查一半"和第 8.2.2.2 条"人工巡道的周期间隔不应超过 72 小时"的规定。

(2)巡检作业严重简化

一是巡检时未按要求携带必要的工器具。中铁某局巡检人员经常不带必备的巡检锤,且有时任何工具都不带,对扣件螺栓松动不能及时发现,只有脱落时才能发现,严重简化作业程序,为行车安全埋下隐患。

二是维护质量不高。查中铁某局 8 月 12 日轨道巡检记录,对折返站的道岔进行了检查,在不到一周的时间内 W1711 道岔发生扣件脱落,维修质量差。违反《工建维保模式

（试行）》表3.1的规定。

三是道岔涂油未按要求进行。按照《工建维保模式（试行）》须"每月涂油一次"，但折返站道岔自7月5日涂油后至8月20日未涂油，已超过15天。

（3）临管单位监管失控

自8月2日正线二工班人员开始进行开通前设备检查后，巡检、线路维护由临管单位中铁某局负责，部门没有任何措施对其质量进行盯控，也未对巡检作业情况进行检查。对临管单位的施工计划漏项、关键设备失修、严重简化作业、维护质量不高、漏检漏修区段等问题没有发现。而正线二工班工长对中铁某局轨道巡检记录每次都签字，但未发现如此多的问题，说明设施部对临管单位的管理严重缺失，出现此次事件实属正常。

（4）突发故障抢修不力

自维调16时30分通知车间副主任至20时04分处理完毕，共用时3 h 34 min，处理故障仅用1 h，2 h的时间都消耗在信息传递及路程上。信息反馈速度慢，人员到位速度慢，未体现出突发事件的应急反应。工建车间正线一、二工班白天无人在工班值班，缺乏对突发事件的应急灵活处置程序，未采取果断措施进行故障确认。违反《设备管理办法》第8.2条"运营控制中心维调负责通知维修部门、技术安全部及其他相关部门。维修部门专业工程师一个小时内赶赴现场处理"的规定。

（5）临管管理办法迟迟未发布

在实施临管前，2011年3月18日，工程处牵头组织临管单位、监理单位和工建车间参加二号线一期轨道临管协调会，纪要规定："2.试运营前，线路维护由临管单位负责，作业时应按照地铁公司下发的轨行区管理办法及运营分公司下发的有关文件规定办理。3.试运营开始至施工合同规定临管结束期间的线路维修，各临管单位需在运营分公司工建车间的统一领导下实施，临管单位全力配合维修工作，各派一名专职负责人与工建车间保持联系，作业时应按照运营分公司下发的有关文件规定办理。"会议纪要4月8日副总经理签发"请设施部办、严格按规定进行落实考核，并制订相关办法"，但临管管理办法未及时发布，对临管单位的管理和考核缺乏依据。

（6）管理人员严重失职

一是生产组织不合理。生产组织应是导向安全的组织方式，而工建车间正线工班的生产组织白天无人值班，晚上才有人值班，不利于白天突发事件的处理。

二是疏于现场检查。浮在面上，沉不下去，以会议落实会议，以要求代替检查，对分公司开展的"盯岗作业，确保安全"活动停留在口头上，查正线二班"安全检查指导簿"，3月29日—8月11日，只有线路技术助理等在5月16日、7月15日、8月5日检查了3次，其余部长、副部长、车间主任均未检查，不跟岗，对现场检修作业存在的诸多问题心中无数，出问题是必然的，只是时间问题。

三是针对事件的态度。严重的道岔问题可能引起行车事故，仅凭影响正线单线行车3 h 23 min对乘客造成的影响，就应该引起高度重视，而部门管理人员未树立安全行车的意识，更未树立为乘客服务的思想。针对事件，车间未开分析会，只是主管副主任写了报告材料，主任与工班长碰头后，在19日晚上形成情况汇报，拿车间的材料当作设施部材料提交。部门未及时作专题分析，在事发后的22日上午班子人员进行了事件的沟通交流，事发后的第五日才进行了事件的专题分析，24日将分析处理报告提交技术安全部。

2）事件定责

根据《运营事故(事件)处理规则(试行)》(XDY/QM-AQ-07(V1.0))"4.1.6 一般事件(2)中断正线行车(上下行正线之一线)1小时以上3小时以下"的规定,构成责任一般事件。

临管单位中铁某局,存在施工计划漏项、关键设备失修、严重简化作业、维护质量不高、漏检漏修区段等问题,违反《修规》的相关规定,这是导致此次事件的主要原因,负此次事件的主要责任;运营分公司设施部,存在对临管单位监管失控、突发故障抢修不力、生产组织漏洞严重、临管办法迟迟未发布等,负此次事件的次要责任,按照事件苗头处理。

6.3.5 整改措施

此次事件暴露的主要问题集中反映在管理方面,体现在对临管单位失控、生产组织不合理、干部作风不实、对待事件敏感性不强等方面。具体体现在严重简化作业、关键设备失修、维修质量不高、应急故障处置不力等方面,须切实引起设施部班子的重视。为了防止出现类似问题,制订以下措施:

1）切实提高安全管理水平

一是要树立安全第一的思想。生产中始终要坚持"安全第一、预防为主、综合治理"的基本方针,坚持管生产必须管安全的原则。对存在的安全隐患,要采取综合治理的措施,不能就事论事,要查找引发事件的各种因素,制订行之有效的措施,真正使安全生产有序可控。二是要不断地提高管理水平。安全管理的基础是规章制度、设备质量、人员素质,要提高安全管理水平,就必须从这两方面入手。系统梳理存在的问题,分清主次,逐步完善和整改。

2）严格执行作业标准

一是工建车间和临管单位要紧紧抓住非行车时间巡检组织,合理地安排巡检作业,有计划、有重点地对设备进行养护作业,保证不漏项、不漏检。二是按照《修规》和《工建维保模式(试行)》中规定的维护标准和周期对主要设备进行维护,保证维护质量。三是必须携带巡检的主要工器具,需要敲打检查或测量的项目,必须按照要求进行作业。四是要突出重点区域、重点设备的检查。针对工建专业,巡检时要突出曲线、岔区、地裂缝等的检查,发现故障,及时处理。五是工建车间和临管单位要建立沟通机制,互相协调解决在计划申请、作业标准、质量卡控等方面存在的问题。

3）严格落实监管责任

一是尽快发布《设备设施临管管理办法》。设施部要结合此次出现的问题尽快发布《设备设施临管管理办法》,将检查办法、维修质量、考核办法、事故定责等纳入管理办法之中。二是加强对临管单位的监管。临管项目安全主体责任仍在运营分公司,设施部应结合设备检查,对两家临管单位的轨道维护质量、作业标准和各种巡检记录进行定期、不定期的检查,并对检查发现的问题及时向临管单位进行通报,关键问题列入考核中。

4)充分利用机械检测和添乘检查

一是充分利用网轨监测车的检查。每月设施部需提报计划,调度部均衡考虑,安排1~2次网轨监测车对线路、接触网进行检测,分专业对问题进行分析汇总,检测的问题要与实际相对比,逐步掌握检测设备的准确率和误判率,不断提高检测水平,同时对检测出的问题要立即整改。二是设施部提报购置"轨道添乘仪",每周对线路情况添乘检查1次,对发现的问题及时处理。

5)提高应急处置能力

一是重新对正线工班班制进行修改,白班预留突发设备故障的处置人员。二是各岗位人员必须加强学习,清楚自身专业设备故障或突发事件处置程序,一旦发生突发事件,严格按照程序快速反应。三是要提高突发事件的应急能力,优化环节,尽可能减少因处置时间对正常行车的影响。在发生线路问题后,立即通过"轨道添乘仪"检测是否影响行车安全,若影响,应立即启动抢修预案;如不影响,当日停运后再行维修,降低线路对运营的影响。

6.4　防脱护轨螺栓松脱事件

6.4.1　事件概况

13 时 49 分,00609 次司机报:下行 K01 + 700 m 至 K01 + 800 m 处护轮轨有一颗螺丝松脱,该护轨轻微偏向左侧钢轨,列车在该区段限速通过。行调组织后续列车在下行K01 + 500 m 区间限速 25 km/h 通过。OCC 组织工建人员抢修并将信息通报线网指挥中心。14 时 08 分,司机轮值确认现场有两颗螺丝松脱。行调组织列车在该处限速 15 km/h通过。14 时 17 分,抢修人员到达现场。14 时 33 分,工建调度报:工建人员确认现场只有一颗螺丝松脱,该处线路限速可以调整为 45 km/h。OCC 要求抢修人员再次确认线路情况。14 时 54 分,OCC 组织抢修人员利用行车间隔下线路确认故障情况并处理。15 时 08分,现场人员报抢修完毕后出清线路。15 时 16 分,工建调度报:该故障经工建人员处理后恢复正常。OCC 取消线路限速并将信息通报线网指挥中心。受此影响,00809 次、00311次到达车站分别晚点 385,248 s;2~3 min 延误 5 列列车。故障没有造成乘客退票及投诉。

6.4.2　现场检查

10 月 12 日晚,工建部及中铁某局负责人员对高架段防脱护轨及道岔处护轨进行全面检查,并对护轨螺栓松动处加力紧固。同时,重点对 10 月 12 日下午紧急处理后的故障处

（下行线 K01 +788 m）进行复查，现场复查情况无变化、无异常，如图 6.1、图 6.2 所示。

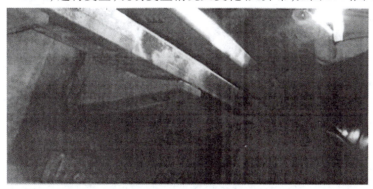

图 6.1　道岔护轨

图 6.2　高架防脱护轨

6.4.3　初步原因分析

经调查，为保证国庆节安全运营，按照部门要求，分部组织中铁某局对高架防脱护轨设备进行检修，分别于 9 月 25 日、27 日、29 日对护轨螺栓进行全面紧固、除锈、涂油。

分析螺栓松脱主要原因如下：

①中铁某局检修人员在对护轨螺栓进行紧固时，只对松动的螺栓进行紧固，有可能作业人员加固螺栓时用力过大，造成被加固的螺栓扭矩大于周边的螺栓扭矩，使附近本来紧固的螺栓的扭矩减少，在列车震动较大地段容易出现螺栓松动的情况。

②中铁某局检修人员在对螺栓进行紧固作业时，使用的加固工具不配套，现场使用 450 mm 的活口扳手加固护轨螺栓，450 mm 的活口扳手在拧紧该处护轨螺栓时，其头部宽度达到 120 mm，而护轨螺栓螺帽所处位子的轨撑双肩净距 100 mm，活口扳手头须偏斜一定角度才能紧固螺栓。工具不配套时如遇作业人员操作不熟练，也可能造成扭力达不到规定值。

③9 月 29 日，中铁某局作业人员对该段护轨螺栓进行螺帽点油作业，护轨螺栓在扭矩不一、受力不均匀的情况下，扭矩相对小的螺栓螺母在震动较大时容易松动，若未及时拧紧，可能发展为脱落。

④高架段受气温影响较大，防脱护轨热胀冷缩，产生了温度应力。现场是出站加速地

段,设备受到的震动大、频率高,这也是螺栓容易松动、螺栓螺母易失效的原因之一。

⑤巡道检修人员未及时发现、加固该处护轨螺栓松动的隐患,这也是导致该故障的重要原因。

6.4.4　整改措施

①10月12日晚,对全线高架段防脱护轨进行全面紧固。10月13日晚,计划对全线高架段防脱护轨进行全面紧固。

②加强对员工的安全知识和业务技能培训,进一步增强员工安全意识,不断加强工作责任心,努力提高作业技能,全面掌握线路设备的维修标准,坚持标准化作业。

③加强巡道人员的培训工作,组织学习巡道作业职责、作业内容,使巡道人员具有良好的职业道德精神,提高巡道人员的思想素质、心理素质和责任心。

④加强高温、低温天气线路设备的检查,发现异常立即采取措施,确保线路设备质量。

⑤立即改善护轨螺栓的加固工具,采购专用工具以满足现场生产需要。

⑥加强安全教育和培训,认真组织全员对此次事件进行学习,从中吸取教训,举一反三,杜绝此类事件的再次发生。

6.5　钢轨重伤事件

6.5.1　事件概况

2012年3月16日10时20分,00208次司机报:列车经过上行K15+000 m时车底发出异响。11时27分,行调组织空车搭载现场抢修人员到现场确认线路情况。11时54分,现场抢修负责人李某发现该处钢轨有一条约8 cm长的纵向裂纹,要求后续所有列车限速5 km/h通过该处。12时33分,在现场安装夹板作临时处理,要求后续各次列车可以限速25 km/h通过该处。次日3时44分,工务抢修人员在上行K14+999 m~K15+005.25 m处插入一根6.25 m短轨,用普通夹板上螺栓固定,故障处理完毕。受故障造成影响上行列车晚点共19列,2~4 min延误6列列车;抽线共2列列车。

6.5.2　事件经过

3月16日10时20分,00208次司机报:列车以ATO模式经过上行K15+000 m时车底发出异响(当时列车速度约74 km/h)。行调组织后续00408次、00508次、00808次分别限速25,25,45 km/h通过该处无异常,后续第四趟列车01008次限速45 km/h通过该处有震动。

10时20分,值助报:上行线K15+000 m列车经过时有异响,后续列车未听到异响。

10时20分,通知工务一分部:上行线K15+000 m列车经过时有异响,后续列车未听到异响。

10时21分,通知工务一分部李某:上行线K15+000 m列车经过时有异响,后续列车未听到异响。

10时30分,向工建部经理通报故障信息。

10时30分,向工建部副经理通报故障信息。

10时32分,向工建部质安室、技术室主任通报故障信息。

10时40分,接上级领导指示,行调组织各次列车限速25 km/h通过该处。

10时50分,工务一分部邹某报告:与当时行车司机一起确认,未听到异响。

10时53分,工建人员回复,添乘列车限速25 km/h经过该处无异常,继续添乘列车观察。

11时01分,工建部胡某要求组织人员准备抢修,工器具到车站待令。

11时02分,通知工务一分部陈某,要求分部准备组织抢修。

11时06分,值助下发抢修号:0316-45。

11时08分,任命李某为工建部现场抢修总指挥。

11时09分,值助报:列车经过上行线K15+000 m有震动、有异响。

11时10分,通知工务一分部李某报告故障信息:列车经过上行线K15+000 m有震动、有异响。

11时15分,工务一分部李某报:限速25 km/h登乘列车未见异常。

11时27分,行调组织00810次(011+012)在上行空车运行,搭载现场抢修人员到现场确认线路情况。

11时42分,值助通知:现准备空车载工建人员到故障现场检查设备。

11时54分,现场抢修负责人李某报:现场线路钢轨有一条约8 cm长的纵向裂纹,要求后续所有列车限速5 km/h通过该处,如图6.3所示。

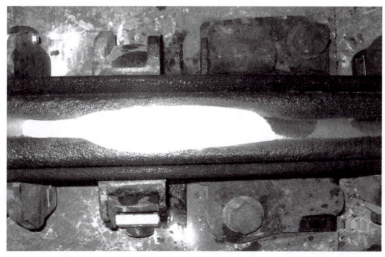

图6.3 轨面纵向裂纹

12时09分,OCC询问现场负责人李某抢修方案,其回复现场需要安装夹板作临时处理。

12 时 12 分,任命经理胡某为工建部现场抢修总指挥,同时取消李某工建部现场抢修总指挥。

12 时 24 分,行调组织车厂加开一列空车搭载抢修人员到现场处理故障。

12 时 30 分,工建部质安室温某现场检查发现:上行线 K14 + 997 m 左股轨面纵向裂纹,长约 10 cm(直线)。

12 时 33 分,现场抢修负责人胡某报:现场已安装了夹板作临时处理,后续各次列车可以限速 25 km/h 通过该处,如图 6.4 所示。

图 6.4　钢轨急救器

12 时 43 分,工建调度报:现场抢修负责人确认故障点的具体位置为 K14 + 997 m,左股轨面有 10 cm 长的纵向裂纹。

12 时 46 分,工建部质安室温某已在故障现场安装钢轨急救器作临时处理,列车 25 km/h 登乘列车未见异常。

12 时 48 分,工建部胡某现场安排人员不间断登乘,并将登乘情况报调度。

12 时 49 分,工务一分部陈某安排人员不间断登乘,并将登乘情况报调度。

13 时 15 分,根据上级要求,行调组织各次列车限速 15 km/h 通过上行的故障点。

14 时 40 分,行调组织车厂加开一列空车搭载专业人员前往故障点进行钢轨探伤,如图 6.5 所示。

14 时 47 分,现场负责人李某报:探伤检查该故障点附近线路未发现其他异常,目前仍按原来的限速 15 km/h 通过该处。

15 时 42 分,现场抢修负责人张某报:需要开一列空车搭载专业人员及工具到故障点安装胶垫及轨距拉杆以加强设备。

15 时 55 分,行调组织一列空车搭载专业人员及设备前往故障点安装胶垫及轨距拉杆,如图 6.6 所示。

16 时 03 分,张某报:设备已安装完毕,目前仍按原来的限速 15 km/h 通过该处。

19 时 47 分,向工务一分部陈某了解登乘情况,回复登乘检查未见异常。

23 时 20 分,抢修人员请点后立即赶赴故障地点组织换轨抢修。

23 时 56 分,完成锯轨。

图6.5　钢轨探伤

图6.6　安装轨距拉杆

次日0时07分,完成新钢轨换入工作。

次日0时20分,完成钢轨钻孔。

次日0时22分,完成钢轨接头夹板安装。

次日0时22分,完成新钢轨几何尺寸调整。

次日3时44分,抢修作业完毕,出清线路。

次日5时00分,完毕将处理情况报值班主任助理:工建部在上行K14+999 m~K15+005.25 m处插入一根6.25 m短轨,用普通夹板上螺栓固定,同时要求运营前3趟车分别限速15,30,45 km/h通过。

6时07分,值班人员报:登乘前3趟车无异常,不需要限速,可以按照正常速度行驶。

6时17分,登乘的情况报值班主任助理。

6.5.3　现场基本情况介绍

重伤钢轨地点位于上行线 K14 + 997 m 左股,该处是盾构圆形结构、整体道床、长轨枕、弹条Ⅲ型分开式扣件、25.1‰上坡道直线加速地段。重伤钢轨编号为 Y14 – 39#;钢轨炉号为 099136013A(属于包钢判定的疑似炉号 1128 根问题钢轨之一)。

6.5.4　原因分析

初步判断为钢轨材质问题。

6.5.5　预防措施

①3 月 17 日,组织对全线加密钢轨探伤,未发现异常。
②立即申报物资采购紧急计划,确保运营线每一个车站配备两根轨距杆、1 套新型钢轨急救保护器和 1 副钢轨接头鱼尾型夹板。

6.6　道岔失表故障

6.6.1　故障经过

2013 年 5 月 29 日 0 时 25 分,工建车间对折返站 W0112 道岔尖轨尖端起曲基本轨连续 9 块滑床板进行改道作业。作业完成后测量轨距均为 + 2 mm($经常保养容许差 ^{+4}_{-2}$ mm),3 时 30 分,交由信号专业进行调试;4 时 00 分,整信号调试完成并确认设备状态良好;4 时 15 分,将人员、工具出清,销点开通线路;14 时 25 分,信号专业接折返站客运值班员通知 W0112 道岔定位失表,本次故障未造成列车晚点。

6.6.2　故障原因分析

从现场测量数据来看,工建轨道专业各项维修作业标准符合《修规》规定。故障处理过程中工建车间作业人员对滑床板固定螺栓进行紧固,转换道岔位置,反位各加 1 mm 调整片,复现故障当时状态进行测试。测试表明,道岔尖轨的密贴程度是故障发生的关键。本次故障发生后,从现场获取的数据信息有限且专业之间关联性较强,不能全面系统地分析出故障的具体原因,仅分析出可能产生此类故障的原因,对故障分析及进一步整改造成了困难。从本次故障处理过程中发现以下问题：

①技术作业方案未经部门审批，对重要区段特别是正线道岔区作业的重视程度不足，对该施工可能影响到其他连带设备的安全预想考虑不周。

②施工作业准备不充分。未按规定在施工前后对道岔几何尺寸进行完整的测量，也未及时填写道岔检查记录本。

③安全技术防范措施不到位，在作业后滑床板不稳定的情况下，仅通过加装轨距杆的形式进行加固，最终导致轨距变化。

④施工管理不到位，缺少后续的检查和盯控，在速凝水泥施工后，新浇筑砂浆尚在初凝期且有 3 根地脚螺栓无法紧固到位的情况下，人员撤离。

6.6.3 故障处理

信号专业接维调通知 W0112 道岔失表，现场处理恢复正常。轨道专业人员当天晚上对失表道岔进行复检并复紧道岔所有联结零件。

6.6.4 预防措施

轨道专业人员要严格规范作业标准，强化检查记录，加强工电联合整治道岔病害，避免问题重复发生。涉及道岔和线路施工，工建、信号专业人员必须共同研究，细化实施方案，制订规范措施，方案可行性不能确定时，提交技术部审批解决。同时，充分论证各类故障的动态和静态因素，加强对设备的维护和保养，必要时与相关专业人员积极沟通，共同处理。

6.7 轨行区弹条扣件折断事件

6.7.1 事件概况

2017 年 1 月 3 日 8 时 40 分，司机报在下行某站 10 号屏蔽门对应轨行区有像 U 形的扣件，9 时 12 分，供电人员回复：非本专业扣件；9 时 25 分，接触网专业人员回复：非接触网设备。9 时 20 分，轨道专业刘某回复：为轨道弹条扣件，暂不影响行车，待停运后处理。3 日晚，轨道专业人员在电客车停运后，刘某申请临时作业点取回遗留弹条。

6.7.2 事情经过

2017 年 1 月 3 日 8 时 40 分，行调通报在下行某站 10 号屏蔽门对应轨行区有像 U 形的扣件。

9时12分,供电人员回复:非本专业扣件。

9时25分,接触网专业人员回复:非接触网设备。

9时20分,轨道专业刘某回复:为轨道弹条扣件,暂不影响行车,待停运后处理。

3日晚,电客车收车后轨道专业刘某申请临时作业点(行调只给5 min时间)与中铁某局赵某、史某下到轨行区将折断弹条取回。

6.7.3 原因分析

①根据对折断弹条的断口分析,该弹条断口断面边缘一侧有伤损的旧痕迹,另一侧断口断面是新痕迹。因弹条折断痕迹不明显,故巡检人员很难发现。

②施工阶段弹条多次拆装,导致弹条本身强度的破坏,在个别弹条存在质量瑕疵、经过列车荷载作用下发生折断。

③弹条折断处焊接接头偏高,轨道形成局部不平顺,造成钢轨空吊,增加了扣件的应力,造成应力集中,弹条在列车荷载作用下发生折断。

6.7.4 整改措施

①要求委外单位加强对巡检人员进行培训,提高巡检人员的业务技能。

②工班、技术人员不定期跟岗检查,确保巡检人员能够按照要求规范巡检,提高巡检质量。

③加强轨道养护,消灭局部不平顺,对沉降不均匀地段出现的轨道前后高低及钢轨焊接接头局部空吊板情况进行及时的垫板作业,保持轨道平顺,确保每个弹条均匀受力。

④巡检或维修过程中安装弹条严禁锤击安装,弹条安装不能打入过紧,以免造成弹条受力过大而折断,对外观伤损的弹条及时进行更换。

6.8 滑床板开焊事件

6.8.1 事情经过

2017年6月25日5时37分,轨道工班当班人员韩某接产调电话,某站P0501道岔失表。

5时40分,韩某电话通知中铁某局委外人员携带工器具赶赴现场抢险,并将情况报告工建车间主任,同时通知轨道技术人员。

6时05分,中铁某局委外人员10人、韩某、轨道技术人员张某同时到达车站上行站台尾等待行调命令。

6时35分,在车控室初步了解情况后电话报告车间主任。

7时05分,车间主任、轨道助理到达车站,在车站指挥抢险协调工作。

7时10分,抢险人员得到行调批准进入轨行区查看设备。

7时17分,现场情况查看确定是P0501道岔曲股第2,3,4,5块滑床板脱焊,确定6月25日晚更换。

7时53分,全部人员撤离轨行区返回到站台。

6.8.2 事件调查情况

1)设备调查情况

(1)调查情况

P0501道岔为60 kg/m-1/9左开长枕整体道床道岔。P0501道岔连接上行线并与P0503道岔和车站存车线相连接。目前临时行车线路是由P0501经P0503,P0505,P0507转至车站上行站台。道岔铺设时间为2015年。

(2)滑床板情况

脱焊滑床板在曲股直尖轨第2,3,4,5块位置,现场查看P0501道岔曲基本股第3块滑床板滑床台与底座脱焊,第2,4,5块滑床板与底座之间存在裂纹,如图6.7所示。

图6.7 P0501道岔滑床板脱焊

2)设备检修记录调查情况

道岔各部件检查标准为每月记名式检查一次,委外人员杜某于5月20日、巡检质量验收班组员工武某联合委外人员于6月15日分别对P0501道岔各部件进行记名式检查,均未发现滑床板有异常情况,道岔检查周期符合标准。

5月20日发现P1801道岔滑床板断裂后,5月21日再次对全线道岔滑床板进行了专项检查,未发现P0501道岔滑床板异常。

3)事件处置调查情况

事件发生后,工电部高度重视,工电部部长在控制中心指挥应急处置。

6时05分,工电部应急抢险人员到达抢修现场,未得到进入现场查看设施设备的许可,当时通号部抢修人员与车站人员已到现场进行处理。6时20分,通号部3人再次进入现场,轨道人员仍然不允许进入现场。7时10分,轨道抢修人员进入现场进行查看,但抢修负责人不允许携带工器具上线路。

恢复行车后,工电部副部长第一时间组织工电部及中铁一局委外单位管理技术人员进行专题分析,制订防范措施。

6.8.3　存在的问题

1)滑床板材质存在缺陷是事件发生的主要原因

道岔滑床板由滑床台与底座两部分组成,通过焊接形成一个整体。滑床板质量取决于焊接工艺及焊接人员的水平,如滑床台两侧焊缝处存在焊接不饱满、不连续等缺陷,在电客车车轮对滑床板的反复冲击作用下,导致应力集中处焊缝开焊,在一定时间内轮对钢轨的作用下使第3块滑床板滑床台与底座脱焊分离,致使整体受力不均,最终导致第2,4,5块滑床板相继出现不连续的裂纹现象。

初步分析第3块滑床板滑床台与底座脱焊分离是导致道岔失表的直接原因。根本原因是焊接不良,导致滑床板滑床台与底座脱焊。

2)滑床板裂纹发展速度快

为确保道岔运行正常,使道岔各部件处于良好状态,工电部2016年在既有道岔月检及双日巡检的基础上,增加了道岔各部件月记名检,制订了道岔各部件检查记录表,主要对道岔各滑床板、心轨、翼轨、尖轨等道岔其他构件进行记名式检查,进一步全面把控道岔自身病害发展规律,提高道岔维修质量。通过记名式检查,工电部于2017年5月20日检查发现P1801道岔一块滑床板断裂,并及时进行更换,有效提高了病害检查效率。6月14日,工班员工王某对P1801道岔滑床板进行记名式检查,未发现异常。6月25日,检查时发现P1801道岔曲股第2块滑床板局部虚焊裂纹(5月份检查时状态良好,无裂纹),并于当晚进行更换。此次裂纹的发生说明道岔滑床板滑床台与铁垫板间焊接部分裂纹发展较快,每月一次的记名式检查仍不能满足需求,工电部结合道岔滑床板涂油周期,将滑床板记名式检查周期调整为半月检,2017年标准修订时将其纳入了检修规程。

3)应急处置流程不合理

道岔失表应急处置流程不合理,信号失表原因可能是轨道、信号两个专业人员共同所致,但现场只允许通号人员进行处理,轨道专业人员要求进入现场被制止。

滑床板脱焊应急预案不到位,只要调度能够给出作业点,拆除脱焊滑床板即可处理。

前期信息接报处置比较复杂。从轨道人员到达车站至允许进入轨行区长达65 min,对事件处理造成了影响。

6.8.4　现场调查分析

6月25日晚,工电部在未拆除脱焊滑床板前对几何尺寸进行全面检查,现场几何尺寸无超作业验收允许偏差管理值处所,各滑床板无空吊现场。同时与技术部共同对现场脱焊及不连续裂纹滑床板拆除并现场分析,确定造成本次滑床板脱焊的原因如下:

①焊接质量不高、焊缝焊接不饱满是造成本次滑床板脱焊及不连续裂纹的主要原因,如图6.8、图6.9所示。

图 6.8　道岔滑床板备件焊接情况

图 6.9　P0501 脱焊滑床板焊接情况

工电部将脱焊滑床板及不连续裂纹滑床板拆除后与现有备用滑床板进行对比,发现脱焊滑床板的滑床台与铁垫板之间焊接部位堆焊高度明显不足,焊接不饱满,存在质量缺陷,频繁过车后,使滑床台与铁垫板脱焊。

②铺设单位——中铁某局施工质量不高,部分滑床板下使用经过私自加工后的调高垫板是造成本次脱焊及不连续裂纹的次要原因。现场对 4 块滑床板拆开后,发现滑床板

下使用的调高垫板为经过施工单位裁剪后的垫板,只垫在滑床板的两头部位,中间部位未进行通垫。在列车通行的作用下,使滑床板受力不均——两头部位受力大、中间部位受力小,最终导致焊接部位产生不连续裂纹,严重时导致脱焊。

6.8.5　整改措施

①现场将此滑床板存在问题告知厂家,通知其优化焊接工艺,提高道岔滑床板焊接质量,确保滑床板、铁垫板与滑床台焊接牢固。

②6 月 25 日晚组织工班和委外单位对一、二、三号线正线,车辆段,停车场道岔滑床板情况进行排查,联合客运操动道岔对曲、直尖轨进行全面检查。

③加强道岔滑床板质量检查工作,滑床板检查结合涂油工作,对道岔进行操动后擦除油污全面检查,发现裂纹或异常磨耗等情况及时进行更换。

④加强新线介入工作,提高新线介入质量。新建线路介入时,各专业介入人员应重点加强道岔、曲线、接头等轨道薄弱环节的检查验收工作;道岔铺设施工交底时,明确告知施工单位必须施工正规的调高垫板,禁止使用私自改造后的调高垫板;对道岔各构件质量做好检查验收工作,杜绝不合格构件的使用。

⑤结合道岔月检对道岔几何尺寸进行全面检查、整改,保证道岔状态良好。

⑥优化道岔失表应急抢修流程,接到道岔失表信息后,应该由归口专业——信号、轨道专业人员共同进入轨行区查看各自归口设备的状态,从各自所属设备共同查找造成道岔失表的原因,以提高抢修效率。

⑦强化先通后复的应急抢修意识。行车设备发生问题后,因其造成的影响较大,严重时可能造成运营中断,故以最快的速度抢修并恢复正常运营乃是重中之重。各行车主管部门应具备先通后复的应急抢修意识,直接影响运营的故障发生后,应在第一时间安排主管专业人员到达现场采取紧急抢修措施,在不影响安全运营的前提下,用最短的时间恢复设备、开通线路,最大限度地降低对正常运营的影响。

参考文献

［1］中华人民共和国住房和城乡建设部.地铁设计规范:GB 50157—2013［S］.北京:中国建筑工业出版社,2014.

［2］中国铁路总公司.普速铁路线路修理规则［M］.北京:中国铁道出版社有限公司,2019.

［3］上海申通地铁集团有限公司,轨道交通培训中心.城市轨道交通线路技术［M］.北京:中国铁道出版社,2011.

［4］国家质量技术监督局,中华人民共和国建设部.地下铁道工程施工及验收规范:GB50299—2018［S］.北京:中国计划出版社,2018.

［5］中华人民共和国铁道部.钢轨超声波探伤仪:TB/T 2340—2012［S］.北京:中国铁道出版社,2012.